www.tredition.de

AF204399

Carmen Bendel

Seelenstreichler

Lebe deine innere Stimme - Anregungen für ein erfülltes Leben

www.tredition.de

Die abgekürzten Namen (zum Beispiel A.) sind frei erfunden und verfremden damit reale Personen.

© 2017 Carmen Bendel

Verlag: tredition GmbH, Hamburg

ISBN
Paperback: 978-3-7439-1560-2
Hardcover: 978-3-7439-1561-9
e-Book: 978-3-7439-1562-6

Illustrationen von iStock
Printed in Germany

Inhaltsverzeichnis

Danksagung

Ich danke meiner Familie, meinen Freundinnen und Freunden dafür, dass sie immer für mich da sind. Ebenso möchte ich mich bei meinen Kolleginnen und Kollegen bedanken.

Mein besonderer Dank gilt meinem Freund Jörg, der mich immer wieder zur Fertigstellung meines Buches ermutigt hat.

Carmen Bendel

Seelenstreichler

Lebe deine innere Stimme -
Anregungen für ein erfülltes
Leben

Vorwort

Hast du ein Leben wie im Märchen oder eher wie im Albtraum? Warum stellt sich diese Frage? Für mich wäre ein Leben wie im Märchen mit wundersamen Begebenheiten wunderbar. So ein Leben würde ich mir wünschen – also ein erfülltes Leben. Ich gehe mal davon aus, dass sich das auch viele Menschen wünschen. Aber gibt es ein Leben wie im Märchen mit einem Happy End? Das Leben endet mit dem Tod – das ist doch kein Happy End, denkst du jetzt wahrscheinlich berechtigterweise (hier habe ich bewusst das „du" verwendet, da persönlicher). Aber für mich stellt sich die Frage, gibt es ein Leben dessen Verlauf einem Märchen gleicht, also mit wunderbaren Begebenheiten und immer wiederkehrenden Happy Ends, oder gibt es Albträume, welche dich durch das ganze Leben begleiten. Wie erkenne ich die Albträume? Was kann ich dagegen tun? Oder was kann ich dafür tun, um möglichst viele wundersame Begebenheiten zu erleben?

Wie du meiner Formulierung „so ein Leben würde ich mir wünschen" entnehmen kannst, habe ich wohl ein sehr gutes Leben, ABER (noch) kein erfülltes Leben. Wie ist das bei dir? Was fehlt dir? Darauf möchte ich in diesem Buch eingehen – ein erfülltes Leben – wie sieht das für jeden Einzelnen aus und wie komme ich dazu?

Märchen sind Prosatexte, die von wundersamen Begebenheiten erzählen. Es sind bedeutsame und sehr alte Textgattungen in der mündlichen Überlieferung und treten in allen Kulturkreisen auf. Charakteristisch für Märchen ist unter anderem das Erscheinen phantastischer Figuren in Form von sprechenden und wie Menschen handelnden Tieren, von Zaubereien mit Hilfe von Hexen oder Zauberern, von Riesen und Zwergen, Geistern und Fabeltieren.

Wer zum Beispiel hat noch nicht „Herr der Ringe" oder „Harry Potter" von J.K. Rowling gelesen. Ok, Harry Potter ist kein Märchen, sondern eine Fantasy-Romanreihe. Aber wer möchte auf so ein spannendes Leben wie Harry Potter verzichten, als junger Zauberer, in seiner Ausbildung an der Zauberschule Hogwarts und seinen Kampf gegen den dunklen Zauberer Lord Voldemort. Wünschen wir uns nicht alle, zaubern zu können (oder jemanden manchmal weg zu zaubern).

Ein Albtraum (englisch: nightmare) dagegen ist ein Traum, der von negativen Emotionen wie Angst und Panik beim Träumenden begleitet wird. Der Traum kann dabei bedrohliche, aber durchaus auch banale Situationen enthalten.

Märchen und Albträume sind unrealistische Ereignisse – was ist realistisch und was nicht? Hattest Du auch schon Träume, die wahr wurden? Ich hatte bereits solche Träume, die zur Realität wurden.

Kapitel 1 – Märchen oder Albtraum?

Kommen wir zuerst zum Albtraum – warum kann das Leben zum Albtraum werden? Man verrichtet seine Dinge - meistens im Hamsterrad - ohne darüber nachzudenken. Das habe ich zum Beispiel über viele Jahre hinweg gemacht und sehr vieles (auch unbewusst) zurückgestellt oder nicht mal bemerkt, dass mir etwas fehlt.

Man fährt jeden Tag zur Arbeit, hat viele Termine mit Kollegen (und hier sind natürlich auch Kolleginnen gemeint – der Einfachheit halber beschränke ich dies in allen weiteren Ausführungen ausschließlich auf die männliche Form), externen Beratern und Vorgesetzten, um einige (kleine) Schritte vorwärts zu kommen, muss konzentriert den Arbeitstag durchleben, sehr viele E-Mails lesen und natürlich auch noch seiner eigentlichen Arbeit nachgehen. Und kommt dann abends erschöpft nach Hause. Dann natürlich noch die alltäglichen Erledigungen, wie zum Beispiel die

Hausarbeit, die Rechnungen oder der Schriftverkehr, was auch alles erledigt werden sollte. Auch das Familienleben sollte nicht zu kurz kommen, wie zum Beispiel Hausaufgaben mit den Kindern machen oder mit ihnen spielen und gemeinsam Zeit verbringen. Hierbei kann man von einer Unterstützung nur träumen, vor allem Alleinerziehende würden sich sicherlich gerne ab und zu eine Haus- oder Kinderfee herbeizaubern.

Das sind nur sehr wenige Beispiele für einen typischen Arbeitsalltag. Diese lassen sich natürlich beliebig erweitern - auch mit Themen wie immer mehr Arbeit und weniger Personal, immer höhere Gewinnerzielungsvorgaben, oder wie Schichtarbeit und keine Möglichkeit zur Erholung (da Lärmpegel zu hoch)sowie noch viele weitere.

Du kennst sicherlich die (SAP)-Projektarbeit. Man arbeitet zielstrebig auf einen, gewöhnlich sehr „sportlichen" Produktivtermin hin, muss seine Projekt-Schäfchen (intern und extern) alle zusammenhalten, verrichtet eigenständig ebenfalls Projektaufgaben und findet an manchen Tagen nicht mal Zeit zum Mittagessen oder Zeit, um in Ruhe die Toilette aufzusuchen. Hier könnte man jetzt natürlich argumentieren, dass dies mit einem optimalen Zeitmanagement, also die zur Verfügung stehende Zeit möglichst produktiv zu nutzen, nicht passieren würde. Beziehungsweise, dass durch Stressmanagement, also Methoden, um psychisch belastenden Stress zu verringern oder ganz abzubauen, diese Situationen gleich gar nicht entstehen. Und dann gibt es ja noch Projektherausforderungen mit denen man sich auseinandersetzen darf. Zumindest ist beziehungsweise war das in meinem Job so. Und verstehe mich bitte nicht falsch, das Arbeiten mit der SAP-Software und die Projektarbeit hat mir immer Spaß gemacht – immerhin mache ich das schon über 20 Jahre. Und es macht mir immer noch Spaß.

Oft wünsche ich mir jedoch in der Arbeit, dass das Zitat „Reden ist Silber, Schweigen ist Gold" – insbesondere, wenn nichts Konstruktives zum Meeting beigetragen werden kann - seine Berechtigung findet und dies auch gelebt wird. Auch die E-Mail-Flut - mit zum größten Teil unnötigen E-Mails - sollte abgeschafft werden.

Hauptsächlich ging ich bisher zur Arbeit, um „zu Leben" und um tolle Reisen zu unternehmen. Beides konnte ich bisher sehr gut umsetzen. Ich habe verschiedene Kulturen kennengelernt und die Welt umreist. Auch geschäftlich war ich sehr viel unterwegs und konnte viele Länder und vor allem Städte kennenlernen. Meine restliche Freizeit habe ich gewöhnlich mit meinem Ex-Ehemann oder mit meinem Partner verbracht. Auch Sport treiben, Freunde (und hier sind natürlich auch Freundinnen gemeint – der Einfachheit halber beschränke ich dies in den weiteren Ausführungen auf Freunde) und die Familie treffen stand ganz oben auf meiner „Liste" für die Freizeitgestaltung. Natürlich bin ich auch kulturell interessiert, besuche Ausstellungen, Vorträge, Konzerte und gehe ins Kino. Ich konnte mir tolle Wohnungen (sogar ein Reiheneckhaus für mich alleine), ein schönes Auto und Motorrad leisten und viele verschiedene Sportarten ausprobieren. Mein Leben und meine übrige Freizeit war bisher ein gutes Leben.

Dann gibt es in der Arbeit natürlich einige Kollegen, mit denen man sehr gut auskommt und Kollegen, die einem das Leben „schwer" machen. Dazu gehören zum Beispiel auch Personalleiter und Führungskräfte, zum Beispiel Personalleiter mit einer „Hierarchie-Phobie".

Diese führen die Meetings gewöhnlich als Allein-Unterhalter und andere Meinungen sind nicht gefragt, schon gar nicht von „Untergebenen" oder Frauen. Oder Führungskräfte, welche sich als „Bulldozer" (wörtliche Zitierung) vor ihr Team setzen und andere Kollegen „anbellen". Zum Glück waren das bisher nicht meine Vorgesetzte. Und dann gibt es noch die Führungskräfte in leitender Funktion, welche keine Entscheidungen treffen können
oder wollen. Diese sind so unnötig, wie ein Staubsauger, der nicht saugen kann.

Hier empfehle ich doch allen Führungskräften das Buch „Authentisch Führen" von Martin Salzwedel und Ulf Tödter. Hier geht es darum, dass erfolgreiche Führungskräfte über eine natürliche Autorität verfügen, mit der sie ihre Mitarbeiter begeistern und leiten. Sie zeichnen sich dadurch aus, dass ihre Mitarbeiter ihnen vertrauen und ihnen gern folgen. Sie kennen ihre persönlichen Stärken und Schwächen. Und sie haben gelernt, in der Führungsrolle durch Authentizität und soziale Kompetenz zu überzeugen.

Und dann gibt es noch vereinzelt Kollegen, welche sich wie „Graf Koks" aufführen. Dahinter verbergen sich Personen, die besonders vornehm oder angeberisch auftreten. Dies trifft manchmal auf Neulinge, aber auch für langjährige Mitarbeiter zu. Sie lassen das Team etwas erarbeiten, leisten selbst keinen Beitrag dazu, weisen dann aber naseweis auf die kleinsten Fehler hin. Auf Fehler hinzuweisen ist natürlich sehr wichtig, jedoch macht auch hier der Ton die Musik. Neue Kollegen bringen tolle Erfahrungen und Expertisen mit, jedoch sollten sie meines Erachtens erst mal in das neue Unternehmen und in das Team „hineinwachsen", bevor sie sich das Recht herausnehmen, rechthaberisch zu agieren.

Ebenfalls gibt es Kollegen, welche über ein spezielles Fachthema einen Vortrag halten können, ohne wirklich Wissen und Erfahrungen zu haben. Ich beneide manchmal solche Kollegen, denn das ist auch ein Talent, von „Nichts" eine Ahnung zu haben, aber im Redeschwall über ein Thema referieren zu können.

Auffallend ist auch, das besonders junge Kollegen (meistens gerade frisch von der Universität) besonders hohe Ansprüche an die Firmen-Benefits haben, wie zum Beispiel die Bereitstellung von Wasser, neben Kaffee und Tee, oder einen überdachten Fahrrad-Stellplatzes.

Das sind meine Erfahrungen in den Wirtschaftsunternehmen, in denen ich zuletzt gearbeitet habe, wobei hier sehr konservativ geführte Wirtschaftsunternehmen dabei waren. Falls man als Frau heiratet, sehen die Vorgesetzten einen gleich als „Familiengründerin" und vorbei ist es mit der Karriere oder der Möglichkeit für eine Führungsposition, zumindest war das im Jahre 1997 in meinem Falle so. Ein paar Jahre später war ich dann Teamleiterin, allerdings in einer amerikanischen Tochter in Miami (Florida, USA) des deutschen Konzerns mit den drei großen Buchstaben. Und auch danach noch einmal in einem deutschen Wirtschaftsunternehmen in München. Ich nehme mal an, da stellte sich die Familiengründungsfrage dann nicht mehr.

Warum müssen Wirtschaftsunternehmen immer mehr Gewinn machen? Darüber denke ich schon lange nach – bei einer Aktiengesellschaft kann ich das ja noch halbwegs nachvollziehen, weil die Aktionäre natürlich eine Dividenden-Zahlung erhalten möchten, mit dem Erwerb der Aktien Miteigentümer werden und dann auch eine erhöhte Gewinnerzielung erhoffen. Aber warum muss ein „normales" Wirtschaftsunternehmen immer mehr Gewinn als im Vorjahr erwirtschaften. Warum reicht nicht einfach eine Gewinnerzielung?

Ein weiterer zu analysierender Punkt wäre, wie kann ich mit meinem Wirtschaftsunternehmen im Einklang mit meiner Ethik (Wertmaßstäben) leben. Sprich, wenn ich Atomkraftgegner und für erneuerbare Energie bin, kann ich das mit meinem Gewissen vereinbaren, in einem Wirtschaftsunternehmen zu arbeiten, welches zum Beispiel Kraftwerke wartet? Oder im schlimmsten Fall als Vegetarier in einem Fleischerzeugenden Betrieb arbeiten?

Welche Unternehmen setzen sich für Nachhaltigkeit ein, also für ein Handlungsprinzip zur Ressourcen-Nutzung, bei dem die Bewahrung der wesentlichen Eigenschaften, also der Stabilität und der natürlichen Regenerationsfähigkeit des jeweiligen Systems im Vordergrund stehen? Einige Firmen haben ganze Abteilungen, welche sich um Nachhaltigkeit kümmern, aber wie sieht die Realität wirklich aus?

Mit dem Indikatorenbericht 2014 legt das Statistische Bundesamt seinen fünften Bericht zur Entwicklung der Nachhaltigkeitsindikatoren vor. Zusammengefasst sind die Status sehr unterschiedlich. Laut statistischem Bundesamt sind wir in den Indikatorenbereichen nachhaltige Flächennutzung, Artenvielfalt und Landschaftsqualität, sowie im Bereich Ressourcenschonung weniger gut aufgestellt.

Neben der Nachhaltigkeit ist das Thema Work-Life-Balance ein wichtiger Faktor für viele Angestellte. Aber bietet die Firma auch die Möglichkeit für eine Work-Life-Balance? Was heißt das überhaupt? Hinter diesem Begriff verbirgt sich ein Gleichgewicht von Arbeits- und Privatleben. Wenn ich meinen Arbeitstag im Moment anschaue, dann fahre ich im Durchschnitt eine Stunde zur Arbeit und eine Stunde wieder nach Hause, arbeite mindestens acht Stunden, plus eine Stunde Mittagspause. Das sind dann bereits elf von vierundzwanzig Stunden. Davon schlafe ich noch circa acht Stunden, dann summiert sich das auf neunzehn Stunden. Bleiben mir noch fünf Stunden Privatleben. In dieser Zeit muss ich dann noch Einkaufen, Post bearbeiten und den Haushalt bewerkstelligen. Wenn ich dafür im Durchschnitt eine Stunde pro Tag ansetze, dann bleiben mir noch effektiv vier Stunden täglich. In diesen verbleibenden vier Stunden möchte ich Zeit mit dem Partner, der Familie (wenn auch nur telefonisch) und Freunden, Zeit für meine Hobbies und kulturelle Unternehmungen einplanen. Da kann man doch nicht von einer Work-Life-Balance sprechen, außer man rechnet das Schlafen auch zur Life-Balance. Sicherlich ist der Schlaf auch „Lebenszeit" und auch äußerst wichtig für die Entspannung, jedoch keine Zeit, in der ich mein Privatleben gestalten kann.

Leider werden Familien in Deutschland im Vergleich zu unseren nordischen Nachbarn immer noch im Bereich Vereinbarkeit von Familie und Beruf unzureichend unterstützt. Insbesondere alleinerziehende Elternteile müssen einen Weg finden um beides, Familie und Beruf, unter einen Hut zu bringen. Und ohne das Thema „Quotenfrau" zu strapazieren, aber eine Gleichstellung im Verdienst zwischen Frauen und Männer und das Etablieren von Frauen in Führungsebenen haben wir im 21. Jahrhundert noch nicht erreicht.

Kommen wir noch mal auf die Fahrt zur Arbeitsstelle zurück. Wir haben das Jahr 2016 und meine Empfindung ist, dass Süddeutschland ausschließlich aus Baustellen auf den Autobahnen besteht. Das wiederum macht viele Autofahrer rücksichtslos und aggressiv, denn alle haben eines gemeinsam – sie möchten so schnell wie möglich ans Ziel kommen. Also auch die tägliche Anreise zur Arbeit und Wochenendtrips werden zu einem enormen Stressfaktor.

Und dann gibt es noch Menschen im persönlichen Umfeld, welche immer anstrengender werden oder wir sind einfach nicht mehr so stressresistent, zumindest ergeht es mir so. Vielleicht liegt es am Alter oder an der Zeit. Die Mitmenschen, auch Familie und Freunde sind immer gestresster und viele nutzen natürlich ihr Umfeld als Ventil, um diesen Stress, den Ärger und die Frustrationen abzulassen. Und da geht es um die Themen Flüchtlinge, unglückliche oder gescheiterte Partnerschaften, Mobbing oder schlechte Beurteilungen am Arbeitsplatz, um den Kampf um eine Gehaltserhöhung oder Ärger und Streit mit Familienmitgliedern.

All diese Themen beschäftigen uns tagtäglich, meist jedoch unterbewusst und sind enorme

Stressfaktoren, also negativer Stress. Als Stressfaktoren werden alle inneren und äußeren Reize bezeichnet, die Stress verursachen und dadurch den Betroffenen zu einer Reaktion der aktiven Anpassung veranlassen. Der Organismus interpretiert die auf ihn einwirkenden Reize und ihre Auswirkungen für die jeweilige Situation und bewertet sie entweder positiv oder negativ. Negativer Stress wirkt sich bei häufigem Auftreten negativ auf die psychische und physische Funktionsfähigkeit eines Organismus aus. Es sind Reize, die als unangenehm, bedrohlich oder überfordernd empfunden werden. Und wir alle wissen, dass negativer Stress krankmachen kann, wenn er häufig auftritt und kein körperlicher Ausgleich, also eine Stressbewältigung erfolgt. Negativer Stress führt zu einer stark erhöhten Anspannung des Körpers, und damit zur Ausschüttung bestimmter Neurotransmitter und Hormone.

Stress löst Hormone aus, vor allem Cortisol und Adrenalin, die wie ein Teil unserer Basishormone (Östrogene, Progesteron oder Testosteron) in den walnussgroßen Nebennieren gebildet werden. Wenn diese Nebennieren mit der Produktion der Stress-Hormone überlastet sind, dann ist keine Kapazität für ausreichende

Produktion anderer Hormone mehr vorhanden. Das bedeutet, dass unser ganzes Hormon-System in Unordnung gerät und das Übermaß an Stress-Hormonen ist für die Entgleisung unserer Hormone verantwortlich. Es kommt zu einem Hormonmangel der Basishormone. Dies wiederum kann eine Auswirkung auf den gesamten Stoffwechsel und auf den Schlaf-Wach-Rhythmus haben sowie die Schlafqualität beeinflussen. Progesteron zum Beispiel ist der Initiator für die Produktion zahlreicher weiterer Hormone. Studien bestätigen die Annahme, dass ein Rückgang des Progesteronspiegels auch eine Auswirkung auf die Ausschüttung der Stresshormone, der Nebennieren und der Schilddrüse hat. Die Schilddrüse, der sprichwörtliche Kloß im Hals, wird häufig von Unruhe, Ängsten und schnellem Herzschlag begleitet. Das Ausgleichsvermögen des Parasympathikus, als Teil des vegetativen Nervensystems, ist ausgereizt. Die Nerven sind am Limit und das System schaltet um auf hormonelle Regulation. Dies führt auf Dauer zu einer Abnahme der Aufmerksamkeit und Leistungsfähigkeit. Unser Körper wirft alle Trümpfe ins Spiel, bis auch diese im Feuer von Verpflichtungen und Ehrgeiz verbrannt sind. Ein Burnout ist vorprogrammiert bei fehlenden Stress-bewältigungsmethoden.

Auch emotionaler Stress wie Ärger, Freude, Angst oder der Tod nahestehender Personen sind enorme Stressfaktoren.

Als positiver Stress werden diejenigen Stressoren bezeichnet, die den Organismus positiv beeinflussen. Ein grundsätzliches Stress- bzw. Erregungspotential ist für das Überleben eines Organismus notwendig. Wenn wir an die Steinzeit zurückdenken, dann war es sehr sinnvoll, dass wir Menschen durch die Amygdala zur Flucht angeregt wurden, wenn der Säbelzahntiger auf uns zu rannte. Die Amygdala (Mandelkern, Teil des limbischen Systems) ist an der Furchtkonditionierung beteiligt und spielt eine wichtige Rolle bei der emotionalen Bewertung und Wiedererkennung von Situationen, sowie der Analyse möglicher Gefahren. Positiver Stress erhöht die Aufmerksamkeit und ermöglicht die maximale Leistungsfähigkeit des Körpers, ohne ihm zu schaden. Er wirkt sich auch bei häufigem, langfristigem Auftreten positiv auf die psychische oder physische Funktionsfähigkeit eines Organismus aus. Dies kann eine Motivation und Glückmomente hervorrufen.

Übrigens soll Schokolade bekanntlich ebenfalls gegen Stress wirken. In dunkler Schokolade stecken pflanzliche Stoffe, die uns gesünder und gelassener machen. Lange Zeit galt Schokolade als süße Sünde. Lecker, aber schlecht für die Gesundheit. Inzwischen behaupten Ernährungswissenschaftler, dass Schokolade eigentlich gar nicht so ungesund ist. Besonders in Zartbitterschokolade mit ihrem hohen Kakaoanteil stecken einige Stoffe, die durchaus gut für die Gesundheit sind, nämlich die vom Kakao stammenden Pflanzenstoffe Flavonoide. Sie können den Blutdruck senken, wirken als Antioxidantien (wie Vitamin E), und verringern das Risiko für Herz-Kreislauf-Erkrankungen. Schokolade ist Nervennahrung, heißt es – und das stimmt.

Schweizer Kardiologen bezeichnen dunkle Schokolade mit über 70 % Kakaoanteil als "süßes Aspirin". Laut Wikipedia sollen 50g dunkler Schokolade so viele Antioxidantien enthalten wie 15 Gläser Orangensaft oder 6 reife Äpfel. Zartbitterschokolade wirkt ganz besonders gut gegen Stress und Anspannung.

Stress kann auch dick machen. Und hier ist nicht nur der Arbeitsstress (Überforderung oder Unterforderung), sondern folgender Stress gemeint:

- Stress durch die Erwartungshaltungen anderer und die Erfüllung ihrer Bedürfnisse statt der eigenen,
- Stress durch innere Leere, Sinnlosigkeit im Leben oder fehlende erfüllende Aufgaben,
- Stress durch Einsamkeit, Isolation oder das Gefühl von niemandem verstanden und geliebt zu werden,
- Stress durch mangelnde Selbstannahme (bis hin zum Selbsthass),
- Stress durch partnerschaftliche und familiäre Konflikte,
- Stress durch Anpassung an immer neue Situationen und dem Gefühl, diesen Situationen nicht gewachsen zu sein,
- Stress durch jede Art von Suchtverhalten (auch eine Co-Abhängigkeit),
- Stress durch Umweltfaktoren (Lärm, Luftverschmutzung).

Der metabolische Effekt bei einer Stoffwechselstörung führt zu einem Defizit an hochwertigsten Eiweißen im Muskelgewebe, was auch den Herzmuskel betrifft. In der Folge nehmen Muskulatur und Leistungsfähigkeit sowie die Knochendichte ab, für die neben Kalzium auch Aminosäuren erforderlich sind. Es entsteht auf lange Sicht ein sichtbarer „Rettungsring" und veränderte Blutfettwerte, Insulinprobleme und schwere Darmbelastungen. Ein stressbedingter, dauerhaft erhöhter Cortisolspiegel stimuliert die Fettzellen im Bauchbereich, wodurch sie deutlich an Größe zunehmen und weiter genährt werden wollen - ein Teufelskreis. Die bekanntesten Hemmstoffe von Cortisol sind Progesteron und Süßholz, welche in Süßigkeiten und Lakritz verarbeitet sind.

Was bedeutet das nun? Wichtig ist, dass wir uns Zeit für uns selbst nehmen und uns wertschätzen. Aber uns auch in die Gesellschaft einbringen, uns mit Freunden und Familie treffen, die Zeit miteinander geniessen, den Arbeitsalltag und die Kollegen bewusst wahrnehmen, mit einer gewissen Ernsthaftigkeit, aber dennoch mit einer Gelassenheit.

Das betriebliche Gesundheitsmanagement beschränkt sich bei vielen Firmen auf Yogakurse, verbilligte Fitnessclub-Mitgliedschaften und Sporttreffen, welche natürlich in der „verbleibenden Freizeit" in Anspruch genommen werden können, was unter Umständen zu Freizeitstress führen kann.

In meinem beruflichen Werdegang sind mir einige Kollegen begegnet - ja, es waren hauptsächlich männliche Kollegen, welche kurz vor dem Burnout standen, beziehungsweise schon mit einer Depression kämpften, als Vorstufe zum Burnout. Oft sind sogar Führungskräfte, sogenannte Manager, betroffen. Leider konnte ich nichts unternehmen und auch die jeweiligen Vorgesetzten konnten mit diesem Thema, und hier möchte ich auch konkret von einer Krankheit sprechen, nicht umgehen. Auch die Firmen waren nicht gewappnet und haben auch keine Unterstützung angeboten oder Maßnahmen ergriffen, um proaktiv entgegenzuwirken oder die Mitarbeiter in der Heilung zu unterstützen, denn Depression und Burnout sind anerkannte Krankheiten. Kommt es zum Burnout, dann ist es für den Mitarbeiter bereits zu spät. Er fällt gewöhnlich für mehrere Monate, wenn nicht Jahre, aus. Und benötigt im Durchschnitt mindestens sechs Monate, um sich wieder von seinem Burnout zu erholen.

Beim Burnout sind die Arbeitsunfähigkeitszeiten enorm lang. Und schon vor dem Ausfall sind die Mitarbeiter meist schon länger nicht mehr richtig leistungsfähig. Und es sind oftmals Leistungsträger, die wegbrechen. Meist handelt es sich bei den Betroffenen um sehr engagierte Mitarbeiter, die die Firma vorwärtsbringen möchten und nicht um Mitarbeiter, die eine „ausgeprägte Gelassenheit" der Firma gegenüber zeigen. Wenn Leistungsträger wegbrechen, wiegen die Opportunitätskosten viel schwerer als die direkten Arbeitskosten. Die Opportunitätskosten sind entgangene Erlöse, oder entgangener Nutzen, die dadurch entstehen, dass vorhandene Möglichkeiten (Opportunitäten) zur Nutzung von Ressourcen nicht wahrgenommen werden.

Früher gab es Burnouts vor allem in den sozialen Berufen, aus dem Bereich von Ärzten, Psychologen und Therapeuten, wo das Selbstaufopfernde eine Rolle spielt. Ich glaube, dass sich die Wirtschaft so verändert hat, dass mehr Verantwortung auf den einzelnen delegiert wird (zum Beispiel durch Projektarbeit). Der einzelne Arbeitnehmer wird sein eigener Unternehmer. Er hat ein Projektbudget und Projektmitarbeiter, und sollte das Projekt erfolgreich in „Time and Budget" realisieren. Dadurch sind die Menschen eher bereit, sich selbst auszubeuten. Hinzu kommen natürlich die technischen Möglichkeiten der ständigen Erreichbarkeit.

Frust ist ein deutliches Burnout-Symptom.

Das, was ein Burnout ausmacht, sind die folgenden drei Aspekte:

- Eine deutliche Erschöpfung und Regenerationsunfähigkeit,
- Eine zynische Einstellung der Arbeit gegenüber - Frust, Fragen wie "Was soll das Ganze überhaupt? Das hat doch alles keinen Sinn."
- und das Gefühl: "Ich kriege die Leistung nicht mehr so richtig hin.".

Das sind die drei typischen Facetten eines Burnouts. Ein weiteres, auffälliges Zeichen ist die „schnelle" Ermüdung und damit eine verminderte Energieverfügbarkeit.

Die Anzeichen für Burnout sind Lustlosigkeit, schnelle und totale Erschöpfung (der Treibstoff ist gleich verbraucht), Ausfall der Regenerationsfähigkeit und die Beschleunigung des Lebenstempos. Ein sehr auffälliges Anzeichen ist ein abnehmendes Interesse an sozialen Kontakten, Rückzug und Vereinsamung und keinerlei Interesse, andere Menschen zu treffen. Es wird dem Betroffenen alles zu viel und zu anstrengend. Ein Boreout kann ebenfalls aufgrund von absoluter Langeweile oder gefühlter Nutzlosigkeit, zum Beispiel bei Langzeitarbeitslosen eintreten.

Leider erkennen die Betroffenen die Anzeichen viel zu spät. Eigentlich häufig erst, wenn es zum totalen Zusammenbruch kommt und der Körper komplett „streikt". Dann ist es aber zu spät und eine Rehabilitation dauert Jahre. Die Vorzeichen für Burnout werden oft ignoriert. Die Betroffenen leben ihr Leben immer gleich weiter, wie in einem Hamsterrad, bis es zu psychischen Störungen kommt.

In der nachfolgenden Abbildung sind Vorzeichen oder Anzeichen für Burnout (oder auch Boreout) dargestellt.

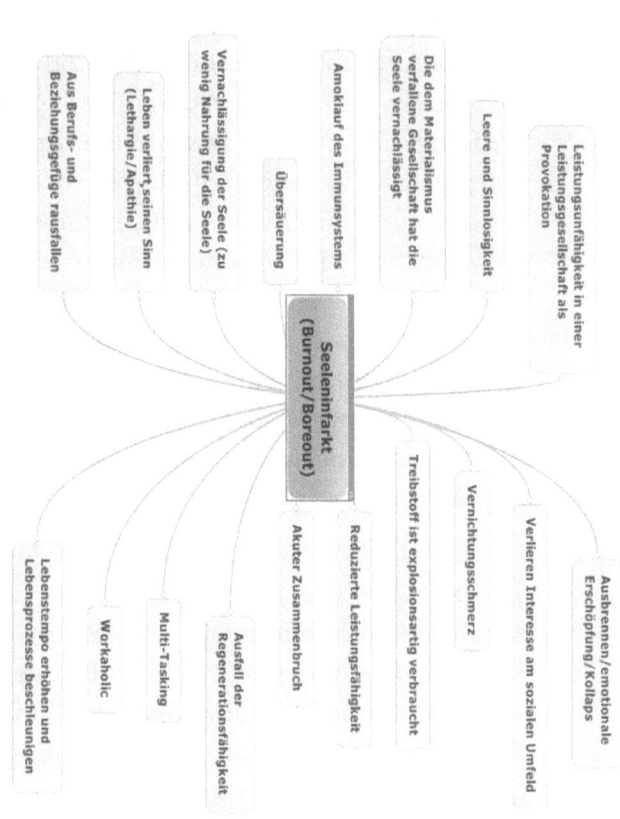

Abb. 1: Anzeichen für Burnout/Boreout

Psychische Erkrankungen, mittlerweile einer der wichtigsten Ursachen für Arbeitsunfähigkeit in Deutschland, umfassen ein weites Feld psychiatrischer und psychologischer Krankheiten, die zwar jeweils eigene Symptome aufweisen, sich aber krankheitsübergreifend durch anormale Gedanken, Emotionen, Verhaltensweisen oder Beziehungen zu anderen Menschen auszeichnen.

Rund ein Drittel der Fehlzeiten aufgrund von psychischen Erkrankungen entfallen auf Depressionen. Es existiert eine Vielzahl unterschiedlicher Arten depressiver Erkrankungen, für die zahlreiche und teilweise konkurrierende genetische, medizinische, psychologische und soziologische Erklärungsansätze herangezogen werden können. Gemeinsam ist diesen Erkrankungen, dass sie eine affektive Störung beschreiben, deren Hauptelement anhaltende Zustände psychischer Niedergeschlagenheit und Traurigkeit sind, bis hin zu Suizidgedanken.

Das Arbeitsunfähigkeitsvolumen aufgrund von Depressionen hat sich seit dem Jahr 2000 mehr als verdoppelt. Unter DAK-Versicherten kamen 2015 durchschnittlich 114,3 Arbeitsunfähigkeitstage auf 100 Versicherte, wobei Frauen signifikant häufiger betroffen sind als Männer. Auch scheinen sozioökonomische Faktoren wie Arbeitslosigkeit, geringe soziale Unterstützung oder ein insgesamt niedriger Sozialstatus das Ausbilden einer Depression zu begünstigen.

Eng mit der Diagnose Depression verbunden ist das vormals als „Modeerkrankung" verschriene „Burnout-Syndrom", das einen Zustand der totalen körperlichen und geistigen Erschöpfung beschreibt. Nach Angaben der DAK hat sich die Krankheitslast aufgrund von Burnout-Diagnosen seit 2006 nahezu verzwanzigfacht. Burnout wird dabei in der Literatur immer wieder mit einer hohen Belastung in der Arbeit und im Privatleben in Verbindung gebracht. Hier möchte ich gerne wieder auf die gewachsenen Arbeitsanforderungen und auf die verbleibenden vier Stunden für das Privatleben verweisen. Vor allem Berufsgruppen mit hoher sozialer Interaktion sind von Burnout-Erkrankungen betroffen.

Warum gewachsene Arbeitsanforderungen? Wie lässt sich die Arbeitsanforderung messen?

Arbeitsanforderungen an den Menschen entstehen aus *der Arbeitsaufgabe, der Arbeitsumwelt, den Arbeitsmitteln und der Arbeitsorganisation.* Den Anforderungen eines Arbeitsplatzes stehen die Fähigkeiten der Arbeitskraft gegenüber. Der Arbeitende wird durch die Anforderungen des Arbeitsplatzes belastet. Die individuelle Wirkung der Belastung auf den einzelnen Menschen wird als Beanspruchung bezeichnet.

(Quelle: Wikipedia -
www.wikipedia.org/wiki/Anforderungsermittlung)

Nach Schätzungen von Asklepios und des Manager Magazins könnten bis zu acht Prozent der Mitarbeiter großer DAX-Unternehmen von Burnout-Erkrankungen betroffen sein.

Psychische Erkrankungen sind mittlerweile die zweitwichtigste Ursache für Arbeitsunfähigkeit in Deutschland. Sie umfassen ein weites Feld psychiatrischer und psychologischer Krankheiten, die zwar jeweils eigene Symptome aufweisen, sich aber krankheitsübergreifend durch anormale Gedanken, Emotionen, Verhaltensweisen oder Beziehungen zu anderen Menschen auszeichnen.

Im Jahr 2011 wurden durchschnittlich 13,7 Arbeitsunfähigkeitsfälle aufgrund depressiver Episoden je 1.000 BKK-Mitglieder gezählt. Die depressive Episode ist die wissenschaftlich verbindliche Bezeichnung für das Krankheitsbild Depression. Im Jahr 2009 kamen auf 1.000 AOK-Mitglieder durchschnittlich 51,2 Arbeitsunfähigkeitstage (AU-Tage) aufgrund von Burnout-Erkrankungen.

Die Berufsgruppen mit den meisten Krankheitstagen aufgrund von Burnout sind Aufsichts- und Führungskräfte, Gesundheits- und Krankenpflege, Rettungsdienst und Geburtshilfe. Im Jahr 2015 kamen auf 1.000 AOK-Mitglieder in Berufen der Erziehungswissenschaften durchschnittlich 243,9 Arbeitsunfähigkeitstage aufgrund von Burnout-Erkrankungen.

(Quelle: Das Statistik-Portal -
www.statista.com/themen/161/burnout-syndrom/)

Dies war ein Grund für mich, die Ausbildung als Burnout-Beraterin zu absolvieren. Seit Anfang 2014 bin ich zertifizierte Burnout-Beraterin und ich möchte Privatpersonen, Firmen und deren Mitarbeiter beraten. Im Vordergrund meiner Beratung steht die Prävention und die

Betreuung und Verfolgung der Maßnahmen. Darunter versteht man die Frage, was man für sich persönlich oder als Firma, Führungskraft, Mitarbeiter tun kann, um einem Burnout oder einer Depression entgegenzuwirken. Wie können Vorgesetzte sensibilisiert werden, um „gefährdete" Mitarbeiter zu erkennen? Was kann die Firma tun? Wo steht die/deine Firma heute in Bezug auf betriebliches Gesundheitsmanagement mit Schwerpunkt Burnout (oh, böses Wort – viele Unternehmen möchten das Wort gar nicht benutzen)?

Wo stehe ich als Einzelperson – wie hoch ist mein „Burnout-/Stress-Level"? Denn Burnout ist messbar.

Mit Hilfe der Herzratenvariabilität (HRV) lässt sich Burnout messen, indem der Stress und die Erholungsfähigkeit gemessen werden.

Das Herz funktioniert autonom. Die Feinregulation des Herzens erfolgt über das sogenannte vegetative Nervensystem. Mittels Sympathikus und Parasympathikus wird im Organismus ein Gleichgewicht hergestellt (Homöostase), beziehungsweise dem Organismus ermöglicht, auf innere und äußere Anforderungen angepasst zu reagieren.

Da laufend äußerst vielfältige innere und äußere Reize auf unseren Organismus einwirken, ist ein immerwährender Anpassungsprozess erforderlich. Als Folge dieses Anpassungsprozesses kommt es zu laufenden Veränderungen unseres Herzschlages und das nicht nur bei wissentlicher Belastung. Daher schlägt das Herz nie ganz gleichmäßig. Ein Puls ("Herzfrequenz" bzw. "Herzrate") von 60 Schlägen pro Minute bedeutet nicht, dass der Abstand zwischen aufeinanderfolgenden Herzschlägen jeweils genau eine Sekunde beträgt. Er ist mal nur 0,845 Sekunden, und dann wieder 0,745 Sekunden lang. Gut zu sehen ist das im Elektrokardiogramm (EKG).

Der Sympathikus sorgt durch niederfrequente Impulse für eine Beschleunigung der Herztätigkeit und der Parasympathikus durch hochfrequente Impulse für eine Verringerung der Herztätigkeit.

Ein gesundes Herz schlägt somit nicht gleichmäßig, sondern es variiert die Herzfrequenz von Schlag zu Schlag.

Diese Variation der Herzschläge wird Herzfrequenzvariabilität oder Herzratenvariabilität - Heart Rate Variability (HRV) genannt.

Zur Messung der HRV gibt es schon eine HRV-App. Auf der Grundlage der wissenschaftlichen und seit Jahrtausenden bekannten HRV-Analyse misst die App den aktuellen Erholungs-, Stress- und Fitnesszustand.

Wie hoch die HRV sein sollte, kann man nicht genau sagen, denn es gibt keine Norm- oder Grenzwerte, so wie beim Blutdruck – alles ist individuell. Trotzdem gilt in Bezug auf Stress:

"Eine hohe Herzratenvariabilität ist Ausdruck einer großen Kapazität für den Umgang mit Stress, also einem hohen Maß an individueller Resilienz (psychische Widerstandsfähigkeit). Eine niedrige Herzratenvariabilität ist hingegen ein Zeichen von Erschöpfung infolge langanhaltender Belastung, also einem niedrigen Maß an Resilienz."

(Quelle: Herzraten Variabilität (HRV) – Burnout Protector - www.burnoutprotector.com/de/hrv/)

Zusätzlich gibt es Selbsttests, indem du dein Burnout-Level erfahren kannst.

Zum Thema Burnout Prävention gibt es weitere Hilfestellungen unter www.seele-im-flow.de - Motto „Hier finden Sie Wege zur Entspannung".

Was kann ich zur Prävention selbst tun?

Auf jeden Fall ist Stressmanagement-Kompetenz gefragt.

"Wie kann ich durch Zeit-, Projekt- und Konfliktmanagement Stresssituationen entschärfen und Probleme lösen?"

Hier können Prioritäten in den Aufgaben vergeben werden und die Aufgabenliste sukzessive anhand der Prioritäten abgearbeitet werden, damit erst gar kein Stress entsteht. Eine weitere Alternative wäre, Dinge mal liegen zu lassen (wenn möglich). Im Beruf habe ich hierbei schon die Erfahrung gemacht, dass sich eine Aufgabe plötzlich von alleine gelöst, beziehungsweise „aufgelöst" hat. Das Projektmanagement ist auf das Erreichen des Projektzieles in „Time and Budget", und unter Verwendung der vorhandenen Ressourcen, ausgerichtet. Da das Projekt gewöhnlich aus einem Projektteam (auch externe Berater) besteht, ist man von den Fähigkeiten und Kompetenzen, der Mitarbeit und von der Motivation der Projektteilnehmer abhängig. Darauf ist stringent darauf zu achten, dass das Projektteam die Termine einhält. Dies kann nur durch steuernde Maßnahmen erfolgen, wie zum Beispiel durch wiederkehrende Abfragen des aktuellen Status, durch Aufzeigen der Abhängigkeiten oder durch Motivation des Projektteams. Doch wie kann ich ein Projektteam motivieren? Durch monetäre Werte ist eine Motivation in diesem Falle nur eingeschränkt möglich, denn die internen Projektmitarbeiter bekommen gewöhnlich ihr vorgesehenes Gehalt und die externen Berater den vereinbarten Stundensatz bezahlt. Nur ein Bonus bezogen auf das Projektergebnis könnte motivieren. Aber das Projektziel sollte für das gesamte Projektteam eine (positive) Herausforderung und damit eine Motivation darstellen. Gelingt es dem Projektleiter ein „Wir-Gefühl" (wir schaffen das) zu erzeugen, ist die Motivation gewöhnlich sehr hoch und ein Erreichen des Projektzieles gegeben.

Eine weitere Frage in Bezug auf das Zeitmanagement wäre „Reicht die verbleibende Freizeit für den vorgesehenen Sport mit all den dazugehörigen Aktivitäten, wie Duschen, Umziehen oder An- und Abfahrt aus?" Es wäre auch eine Überlegung wert, ob man eventuell auch mal eine Sporteinheit auslässt.

Eine weitere Möglichkeit ist der Umgang mit den eigenen Gedanken. "Wie mache ich mir selbst Stress? Sind die Anforderungen, die ich an mich stelle, realistisch? Oder verlange ich Unmenschliches von mir?" Und dann gibt es noch die dritte Möglichkeit: "Wie verschaffe ich mir Regeneration? Was habe ich an Ressourcen im sozialen Bereich? Wie kann ich meine Hobbys pflegen?" Hier spielen Freunde, Sport und Entspannung als Gegenpol zu den Belastungen im Beruf eine wichtige Rolle. Und vor allem kein Rückzug vom sozialen Leben.

Hier möchte ich auch noch erwähnen, dass auch die Gedanken bezogen auf andere Menschen eine wichtige Rolle spielen. Ich kenne Menschen, welche sehr negativ oder gestresst über ihre Mitmenschen denken. Und mit Mitmenschen meine ich auch Familienmitglieder, Partner, Freundinnen und Arbeitskollegen. Natürlich kann man nicht alle Menschen in seinem Umfeld ausschließlich lieben, jedoch sollte die Gedankenspule nicht nur aus negativen Gefühlen und Gedanken bestehen. Meine Mitmenschen sollten mein Leben bereichern und sollten echte Freundschaften sein. Hier wäre meines Erachtens eine Selbstreflexion notwendig, also eine Analyse, warum ich negativ auf diese Menschen reagiere und wie ich das ändern kann. Auch eine Art „Simplify your

Life", also das Loslassen von „nicht-guttuenden" Freunden, Freundinnen, Familienmitgliedern oder einer unglücklichen Partnerschaft wäre denkbar und hilfreich. Im Gegenzug sollten echte Freundschaften gepflegt werden.

Auch helfen Neuorientierungen, wie das Vermeiden von Multitasking, eigene Qualitätsansprüche überdenken und anpassen, weg von Perfektionismus und zu hohen Qualitätsansprüchen.

Aber auch das Leben in Achtsamkeit, also im „Hier und Jetzt des Augenblicks" leben, ein bewusstes Leben mit spirituellem und religiösem Lebenshintergrund wäre hilfreich.

Eine weitere Neuorientierung wäre aus der Arbeit eine Berufung zu machen, also eine Arbeit finden, welche Freude und Erfüllung bringt. Wer seine Berufung kennt, dem mangelt es nie lange an Kraft und Mut, der fühlt sich sicher, geführt, verbunden und energievoll. Eventuell ist auch eine grundsätzliche Änderung des Lebensstils erforderlich. Dazu gehört auch, auf die nötige Entspannung zu achten.

Es gibt sicherlich eine Vielzahl an Entspannungsmethoden, wie beispielsweise die Mindfulness-based Stress Reduction, die progressive Muskelentspannung, das Autogene Training, die Meditation oder Yoga.

Mindfulness-based Stress Reduction (MBSR) ist eine Stressbewältigung durch Achtsamkeit. Achtsamkeit bedeutet, mit der Aufmerksamkeit im gegenwärtigen Augenblick zu sein, diesen bewusst wahrzunehmen und anzunehmen ohne zu bewerten. Indem wir offen und unvoreingenommen das betrachten, was da ist, haben wir die Möglichkeit, den eigenen Geist zu schulen, eigene Muster zu erkennen und mehr Verständnis und Mitgefühl für uns selbst zu entwickeln und in Stresssituationen oder bei unangenehmen Gefühlen ruhiger und gelassener mit den Herausforderungen umzugehen.

MBSR beinhaltet ein auf Achtsamkeit basierendes, weltanschaulich neutrales Training zum Stressabbau und zur Gesundheitsförderung. Das Training wurde von Prof. Dr. Jon Kabat-Zinn und seinen Mitarbeitern in den späten 1970er Jahren in USA entwickelt. In der Stress Reduction Klinik der Universität von Massachusetts wird MBSR seit mehr als über 30 Jahren angewandt und erforscht, und die positiven Wirkungen auf Gesundheit und Wohlbefinden sind wissenschaftlich belegt. In den USA und Europa hat sich das Achtsamkeitstraining in tausenden von Kliniken, Gesundheitszentren, öffentlichen Einrichtungen und in der Wirtschaft weiter stark verbreitet und bewährt.

Die progressive Muskelentspannung nach Jacobsen ist eine Tiefenmuskelentspannung. Durch willentliche und bewusste An- und Entspannung bestimmter Muskelgruppen erfolgt eine tiefe Entspannung des ganzen Körpers.

Autogenes Training ist ein auf Autosuggestion (Selbstbeeinflussung/Selbst-Affirmation) basierende Entspannungstechnik. Es wurde vom Berliner Psychiater Johannes Heinrich Schultz aus der Hypnose entwickelt, 1926 erstmals vorgestellt und 1932 in seinem Buch „Das autogene Training" publiziert. Heute ist das autogene Training eine weit verbreitete und – beispielsweise in Deutschland und Österreich - sogar gesetzlich anerkannte Psychotherapiemethode.

Autogen (selbsttätig erzeugen) ist genau genommen nicht das Training, sondern die Entspannung: Der Begriff ist eine Verkürzung von Training für autogene Entspannung, in der Bedeutung demnach von Training für von innen heraus erzeugte Entspannung, im Gegensatz zu von außen erwirkte Entspannung. In der Übungsphase wird die Entspannung heute häufig, gegen die Grundidee und die ausdrückliche Anweisung von Johannes Heinrich Schultz, dennoch zunächst von außen induziert, zum Beispiel durch einen Trainer oder durch einen Tonträger. Ziel ist jedoch die Entspannung von innen her, ohne äußeres Zutun und ohne äußere Unterstützung.

Eine Affirmation ist eine wertende Eigenschaft für prozedurale, kognitive oder logische Entitäten, die mit „Bejahung", „Zustimmung", „positiver Wertung" oder „Zuordnung" beschrieben werden kann. Ein Beispiel für eine Affirmation ist „Ich bin glücklich und zufrieden". Durch heufige Wiederholung wird sich diese „Bejahung" manifestieren. Ähnlich wie eine Affirmation funktioniert ein Mantra.

Ein Mantra bezeichnet eine heilige Silbe, ein heiliges Wort oder einen heiligen Vers. Diese sind „Klangkörper" einer spirituellen Kraft, die sich durch meist repetitives Rezitieren im „Hier" (Diesseits) manifestieren soll. Mantras können entweder flüsternd, sprechend, singend oder in Gedanken rezitiert werden. Im Buddhismus, im Hinduismus und im Yoga ist das Rezitieren von Mantras während der Meditation sowie im Gebet üblich. Auch im Christentum gibt es im Zusammenhang mit dem Gebet und dem Glaubensbekenntnis (wie zum Beispiel „Ich glaube an Gott, den Vater, den Allmächtigen, den Schöpfer des Himmels und der Erde, ...") eine Art Mantra.

Methoden der Entspannung und Selbstbeeinflussung waren schon im Altertum bekannt, beispielsweise in der indischen Yogalehre oder der japanischen Zen-Meditation. Die geistigen Grundlagen dafür finden sich im buddhistischen Satipatthana (Geistestraining durch Achtsamkeit).

Dazu kommen weitere Entspannungsmethoden, wie einfach mal „chillen" (also wirklich nichts tun, was bedeutet entspannt sitzen und einfach mal „nur in die Welt schauen") oder sogenanntes Tagträumen. Kinder können dies exzellent. Leider verlernen wir das als Erwachsene in unserer oft stark durchstrukturierten Welt. Ganz wichtig dabei ist, dass wir beim Nichtstun kein schlechtes Gewissen bekommen. Ich höre immer wieder Sätze, wie „jetzt habe ich das ganze Wochenende gelesen und sonst überhaupt nichts gemacht. Das geht doch nicht". Doch das geht auf jeden Fall. Unsere Vorfahren waren ja auch nicht von tausend Dingen abgelenkt und hatten immer ein „24-Stunden-Programm". Sie waren mit anderen Dingen beschäftigt, wie zum Beispiel mit der Erziehung der Kinder, der Versorgung der Familie und mit dem Leben in der Dorfgemeinschaft.

Wunderbare Entspannungsmethoden können mit dem Haustier spielen, wandern, tanzen, singen oder ein Musikinstrument spielen sein. In der heutigen Zeit würde ein zeitlich begrenztes IT-Fasten sicherlich ebenfalls gut zur Entspannung beitragen. Es gibt ja auch Menschen, welche mit der Familie beim Essen bei McDonald's entspannen können. Andere gehen zum Schweigen oder zur Sinnfindung ins Kloster. Hier sollte jeder seine eigene Art der Entspannung herausfinden und zelebrieren.

Wurden die Vorzeichen für Burnout nicht erkannt und wurde daher mit Hilfe von Entspannungsmethoden nicht gegengesteuert, ist ein Zusammenbruch nicht mehr aufzuhalten. Ist es bereits zu einem Zusammenbruch gekommen, dann ist professionelle Hilfe durch einen Burnout-Therapeuten, bzw. durch eine Burnout-Klinik gefragt.

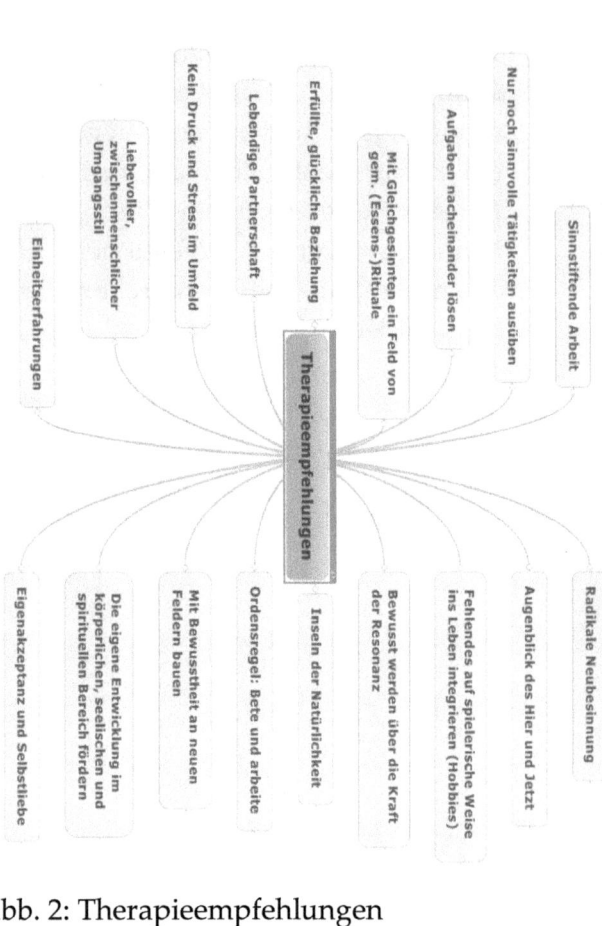

Abb. 2: Therapieempfehlungen

Natürlich gibt es auch Firmen, in denen man stolz darauf ist dort zu arbeiten und auch Spaß bei der Arbeit hat. Das war zumindest Ende der 90er in der Software-Firma mit den drei großen Buchstaben südlich von Heidelberg so. Das Arbeiten war team- und zielorientiert, und die Mitarbeiter waren stolz in dieser Firma zu arbeiten. Es sind Freundschaften in der Firma entstanden und man hat einen Teil seiner Freizeit mit Kollegen verbracht. Die Firma war eine Art Familie. Zumindest war das in den frühen Jahren nach der Firmengründung so.

Was macht eine Firma aus, welche die Auszeichnung „Great Place to Work" erhält?

Eine ausgezeichnete Arbeitsplatzkultur wird in der *alltäglichen Beziehung zu den Beschäftigten* geschaffen und nicht über eine reine Auflistung von Maßnahmen und Leistungen. Arbeitnehmer empfinden ihr Unternehmen als attraktiven Arbeitgeber, wenn sie in besonderem Maße:

- *Vertrauen* zu den Menschen haben, für die sie arbeiten,
- *Stolz* sind auf das, was sie tun,
- *Freude* haben an der Zusammenarbeit mit den Kollegen.

Was können Firmen tun, um sich „weiter zu entwickeln"? Was kann jeder einzelne Mitarbeiter tun?

Eine Firmen- oder Arbeitsplatzkultur kann nicht von heute auf morgen geändert werden, denn diese wächst über viele Jahre hinweg. Jedoch kann das Management eine Kultur „vorleben" und Vertrauen aufbauen. Das ist wie in einer Ehe oder Partnerschaft, ist das Vertrauen da, dann ist alles perfekt. Ist das Vertrauen gebrochen, dann wird es schwer, wieder Vertrauen aufzubauen.

Zusätzlich sollte die Arbeitsquantität und die Arbeitsqualität stets überprüft werden. Kann das Arbeitspensum überhaupt bewältigt werden? Ist der Mitarbeiter zum Beispiel zufrieden mit seiner Arbeit? Ist die Arbeit für den Mitarbeiter eine Herausforderung oder langweilt er/sie sich? Dies könnte zum Beispiel in den gewöhnlich etablierten, halbjährlichen sogenannten „Performance Feedback Gesprächen" erfolgen. Warum heißt denn das Gespräch eigentlich Performance Feedback – warum wird „nur" die Leistung oder die Erfüllung gemessen? Warum heißt das Gespräch nicht „Motivationsgespräch"? Zum Teil gibt es auch einen

Abschnitt „Was ist gut gelaufen und was nicht so gut?", aber daraus werden gewöhnlich meist KEINE umzusetzenden Folgemaßnahmen abgeleitet. Natürlich ergibt sich aus der „Leistungsmessung" (Messung der Zielerreichung) bei den meisten Firmen eine Bonuszahlung, damit der Mitarbeiter auch zukünftig engagiert mitarbeitet, wobei sich die Bonuszahlung auf die Leistung des vergangenen Jahres bezieht. Aber ist das wirklich die richtige Motivation?

Jeder Mitarbeiter wird durch etwas Anderes motiviert. Daher ist es notwendig, dass der Vorgesetzte die Motivation(en) des Mitarbeiters kennt, bzw. kennenlernt. Auch nicht-monetäre Motivationen, wie zum Beispiel mehr Zeit für die Familie oder für Hobbies, die Möglichkeit für ein Sabbatical, ein verlängerter Urlaub oder flexible Arbeitszeitmodelle werden insbesondere für manche Arbeitnehmer, welche ein gewisses Gehaltsniveau erreicht haben, immer attraktiver.

Was kann jeder einzelne Mitarbeiter tun? Gelassenheit gegenüber den Umständen und Verständnis für die Kollegen (auch ein Vorgesetzter ist ein Kollege), sodass eine gute Zusammenarbeit erfolgen kann. Und die persönliche

Zielerreichung sollte nicht über die Zielerreichung des Teams gestellt werden. Es kommt ja auch vor, dass die persönliche Zielerreichung mit der Team- oder der Firmenzielerreichung konträr ist. Es kann ebenfalls vorkommen, dass die Abteilungsziele pro Abteilung unterschiedlich sind. Was dann zur Auswirkung hat, dass die Abteilungen oder die Kollegen in den jeweiligen Teams „gegeneinander" arbeiten. Ein guter Ansatz wäre hier, dass die Firmenziele auf das „Upper Management" heruntergebrochen werden und die oberste Führungsebene diese dann wieder an die Teams und Mitarbeiter herunterbricht.

Jetzt komme ich nochmals auf das Hamsterrad zurück - warum ist man im Hamsterrad? Um das Geld zu verdienen, welches man benötigt, um all die Dinge zu bezahlen, welche für ein erfülltes Leben nur zum Teil notwendig sind. Ein schickes Auto oder großes Haus kann KEIN erfülltes Leben garantieren, es kann lediglich das Leben lebenswerter, freudiger und natürlich stressfreier machen.

Aber was ist ein erfülltes Leben – wie finde ich das?

Ein erfülltes Leben besteht hauptsächlich aus vier Bausteinen:

- Sinn und Freude im Leben haben, aber auch Spiritualität leben,
- Eine gute berufliche Entwicklung und Wohlstand,
- Zwischenmenschliche Beziehungen und/oder das Leben in der Gemeinschaft,
- Gesundheit und Vitalität.

Eine gute berufliche Entwicklung bedingt eine gute Berufswahl – daher Augen auf bei der Berufswahl.

Zwischenmenschliche Beziehungen bedingen für ein erfülltes Leben eine Verbindung, in der du gestärkt und unterstützt wirst. Die Gesundheit und Vitalität kann durch ausreichend Entspannung, Bewegung und gute Ernährung unterstützt werden.

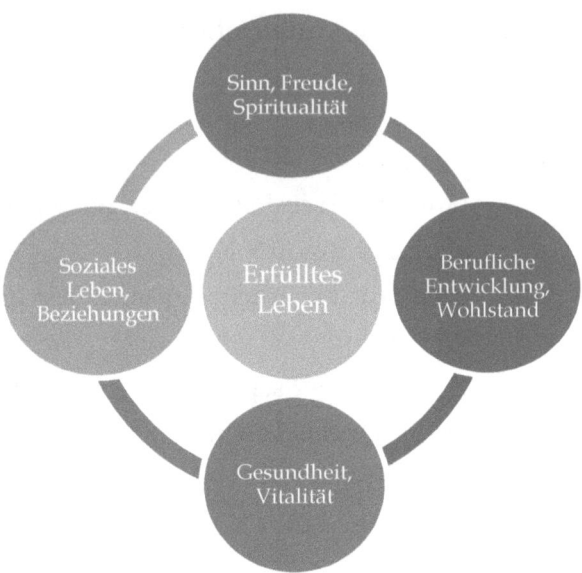

Abb. 3: Erfülltes Leben

Wie finde ich ein erfülltes Leben?

Meines Erachtens muss man sich auch der Frage widmen, was ist meine Bestimmung im Leben oder meine Lebensaufgabe. Ich gehe davon aus, dass jeder Mensch eine Bestimmung im Leben hat. Was ist meine Bestimmung?

Mit dieser Frage beschäftige ich mich schon eine lange Zeit, aber eine Antwort habe ich bis vor diesem Buch noch nicht gefunden. Im Mai 2014 hatte ich einen Monat unbezahlten Urlaub, also genügend Zeit, um diese wichtige Frage zu erörtern. Davon war ich eine Woche mit meiner Mutter auf Korsika, ein sehr schöner Urlaub, und kaum zurück verstarb leider mein Vater(nicht ganz unvorhergesehen). Danach hatte ich andere „Sorgen und Aufgaben", neben der Trauerbewältigung. Daher stellte ich meine Antwortfindung auf die wichtige Frage meiner Bestimmung nochmals zurück. Zeitgleich wurde mir aber auch durch den Tod meines Vaters bewusst, dass das Leben zu kurz ist und ich im Alter von damals 48 Jahren noch immer nicht meine Bestimmung kannte.

Schock - Frust.

Ich habe verschiedene Dinge ausprobiert. Ich habe eine Tanztherapieausbildung gemacht, denn ich liebe Tanzen. Die Ausbildung habe ich jedoch nicht abgeschlossen, da ich nach einiger Zeit herausfand, dass es nicht das war, was ich mir vorstellte. Ich habe eine Ausbildung zur Aroha-Trainerin absolviert. Dann habe ich mich mit Klangschalen intensiv beschäftigt und einen Klangschalen-Onlineshop publiziert. Das war eine prima Erfahrung und ich habe eine Menge über den Aufbau von Onlineshops und vor allem über das sehr zeit- und kostenintensive Marketing gelernt. Leider war die Verkaufsrate im Onlineshop nicht so gut, denn die Kunden wollten natürlich den Klang der Klangschalen hören. Und dann habe ich noch eine Ausbildung in Klangschalenmassagen gemacht. Alles hat sehr viel Spaß gemacht und ich konnte mich definitiv bereichern – aber hatte ich damit eine Antwort auf meine Bestimmung gefunden?

Leider habe ich die ungeduldige Angewohnheit, dass ich Ideen sofort umsetzen möchte. Und ich bin in einer „späten" Lebensphase (ja, ja – es ist nie zu spät für eine Veränderung), in der ich keine Ahnung habe, wohin es gehen soll. Jedoch darf bei der Bestimmungsfindung kein Druck entstehen.

Wie kann ich meine Bestimmung finden?

Du wirst es nicht glauben, aber dazu gibt es sogar einen Online-Test im Internet. Das Ergebnis empfinde ich allerdings etwas mager.

Elias Fischer gibt 10 Schritte vor, um die Bestimmung zu finden. *(Quelle: Zeitzuleben – www.zeitzuleben.de)*

Dazu gehören:

- Nimm die Situation an (lerne, nichts zu tun – einfach nur Mensch-Sein, Aushalten der Stille),
- Beginne zu meditieren (Meditation stärkt die Verbindung zu uns selbst und zu unserem Leben, also besuche einen Meditationskurs, oder setze dich einfach nur entspannt hin und lenke die Aufmerksamkeit auf deinen Atem),
- Folge deinen Interessen (folge deiner tiefen Lebenslust und deinem feurigen Enthusiasmus),
- Fordere deine Sinne heraus (trainiere die verschiedenen Sinne, baue deine Fähigkeiten aus und lerne Neues, z.B. neue Sportarten, Sprachen, Handarbeiten, Malen, Singen, Tanzen, Kochen, Vorträge oder Kurse zu geben),
- Sorge für Abwechslung (Neues erleben, z.B. Besichtigungen, neue Städte oder

Stadtteile kennenlernen, Museen,
Konzerte, Seminare, Vorträge,
Ausstellungen, Kurse/Workshops, etc.
besuchen, oder gewohnte Dinge im
Leben ändern – evtl. andere Ernährung,
neuer Weg zur Arbeit, etc.),

- Vernetze dich (Kontakte zu deiner
  „Umwelt" sind sehr wichtig, lerne neue
  Leute kennen, sei offen für neue, für
  dich interessante Menschen),

- Höre auf dein Bauchgefühl (beginne
  loszulassen, grübele nicht und befreie
  dich von jeglichem Druck, öffne dich
  für den Fluss des Lebens),

- Bereise die Welt (am besten mit dem
  Rucksack, Fahrrad oder zu Fuss, also
  KEIN „All-inclusive-Urlaub"; Plane nur
  einen Teil deines Urlaubs),

- Gehe in die Stille (einfach nur in der
  Stille sitzen und genießen, damit dein
  Verstand und dein Geist stiller werden,
  damit du die Sprache des Lebens
  verstehen kannst),

- Beginne zu lieben (du erhälst nur etwas von Dingen und von Menschen, die du (universell) liebst; dazu gehört auch die Selbstliebe).

Was waren meine ersten Schritte?

An einem schönen, sonnigen Spätoktobertag, die Blätter vor meinem Haus waren schon wunderschön rot gefärbt und das Laub lag auf dem Boden, bin ich in den Wald in der Nähe meines Miethauses spaziert und habe einen, für mich passenden Kraftplatz gesucht. Diesen habe ich in einer sonnigen Lichtung, etwas abseits der Hauptwaldwege gefunden. Dann habe ich einen Baumstumpf gesucht und glücklicherweise einen passenden gefunden. Diesen habe ich dann an meinen Kraftort geschleppt. Der Baumstumpf war wirklich sehr schwer und ich habe diesen nur mühsam dort hingebracht. Dann habe ich mich eine Weile auf meinen Baumstumpf gesetzt. Es war sehr schwer, mein Gedanken-Wirrwarr zu sortieren und mich zu entspannen. Ich musste alle meine Gedanken darauf konzentrieren, zu entspannen. All meine Muskeln waren total angespannt und ich musste bewusst loslassen, um zu entspannen und meine Gedanken ruhen zu lassen. Nach einer Weile fand ich dann Ruhe und wurde etwas müde. Keine Ahnung wie lange ich dort saß. Dann hörte ich Geräusche und nur ein paar 100 Meter von mir entfernt lief ein rot gefärbter Fuchs auf dem Waldweg in flotten Schritten weiter in den Wald hinein.

Zum Fuchs fällt mir spontan nur Folgendes ein:

„Fuchs du hast die Gans gestohlen, gib sie wieder her, gib sie wieder her, sonst wird dich der Jäger holen, mit dem Schiessgewehr, mit dem Schiessgewehr."

Dieses Zeichen, dass ich den Fuchs sah, nahm ich an und wollte erfahren, was das bedeutete. Also habe ich mal wieder Google befragt.

Die Bedeutung vom Fuchs in der Mythologie:

Über alle Kulturkreise hinweg wird der Fuchs als besonders listig und schlau beschrieben – eine Eigenschaft, die wohl einen realen biologischen Hintergrund hat und für den realen Fuchs überlebenswichtig ist. Ebenso universell ist dabei, dass diese Klugheit sich mal in Heimtücke, Hinterlist und Übervorteilung anderer, bisweilen aber auch in Weisheit und Weitblick äußern. In europäischen Tierfabeln nutzt der Fuchs die Schwächen anderer mit großem Erfolg zu seinem eigenen Vorteil, aber wo immer er Überheblichkeit zeigt, auch eine Eigenschaft, die ihm bisweilen zugeschrieben wird, zieht er letzten Endes den Kürzeren.

Darüber hinaus gilt der Fuchs insbesondere in Asien als Symbol für Fruchtbarkeit. Er steht für Verführung und Sexualität, beweist aber zumindest in Geschichten japanischen Ursprungs auch Liebe, Aufopferungsbereitschaft und Fürsorglichkeit.

(Quelle: www.fuechse.info)

Der Fuchs – Heilung und Wachstum durch Selbsterkenntnis

(Quelle: www.spirituell-auf-deine-weise.de)

Der Fuchs gesellt sich an deine Seite, wenn es gilt, die Misserfolge, Pleiten, Enttäuschungen und Missgeschicke des Lebens noch einmal zu betrachten, sie liebevoll anzunehmen, ja sogar wertzuschätzen und an ihnen zu wachsen. Du bist selbst für dein Leben verantwortlich. Der Fuchs versetzt dich in die Lage, die Dinge bewusster und klarer zu erkennen. Lass dich von ihm in ein neues Lebensgefühl und -verständnis begleiten. Du wirst ihm für immer dankbar sein.

Spontan als Pleite und Enttäuschung ist mir meine Scheidung eingefallen, also das Nicht-Gelingen einer Ehe. Und ich wurde von meinem Ehemann enttäuscht, weil er nicht immer treu war. Aber Enttäuschungen gehören zum Leben und besonders Menschen, denen wir sehr nahestehen oder die wir lieben, können uns am meisten enttäuschen.

Folgende spirituelle Hinweise sind als Botschaften zu verstehen, denen du (also denen ich) gerade Beachtung schenken solltest und die von dir auf deine individuelle Lebenssituation übertragen und interpretiert werden möchten.

Folgende Gedanken, Ideen und Erkenntnisse sind dazu hilfreich:

- Alte Wunden können jetzt geheilt werden.
- Halte Innenschau.
- Bereite dich auf eine neue Phase deines Leben vor.
- Zweifle nicht daran, dass du bekommst, was dir fehlt.
- Suche weiter, denn die Zeit des Findens steht bevor.

- Wen siehst du, wenn du in den Spiegel schaust?
- Wer bist du tief in deinem Inneren?
- Freue dich an dem, was du hast.
- Verschwende keine Energie an Gedanken über das, was du (noch) nicht hast.
- Selbstheilungskräfte werden aktiviert.
- Erkenne deine Einzigartigkeit – du bist nicht ohne Grund so.
- Stehe zu deinen Interessen, Bedürfnissen und Talenten.
- Sei authentisch.
- Lass dein inneres Licht nach außen strahlen.
- Du kommst deinem Seelenplan auf die Spur.

Alle Wunden können geheilt werden, Selbstheilungskräfte werden aktiviert, bereite dich auf eine neue Phase vor und zweifle nicht daran, dass du bekommst was dir fehlt. Das ist ja phantastisch. Meine Wunden kann ich sicherlich durch Vergebung heilen. Wie heißt es so schön im Vater Unser: „und vergib uns unsere

Schuld, wie auch wir vergeben unseren Schuldigern".

Wen sehe ich, wenn ich in den Spiegel schaue und wer bin ich tief in meinem Inneren? Das ist nicht so einfach zu beantworten, denn wer beschäftigt sich denn mit sich selbst, wenn man im „Hamsterrad unterwegs ist". Was ich sofort beantworten kann ist, dass ich in den letzten Jahren auf jeden Fall Innenschau gehalten habe. Ansonsten hätte ich nicht Bücher verschlungen, welche sich mit dem Thema Lebensgestaltung auseinandersetzen und ich hätte sicherlich auch nicht dieses Buch geschrieben. Aber das beantwortet nicht die Frage, wen sehe ich und wer bin ich in meinem Inneren. Natürlich versuche ich authentisch, also echt und den Tatsachen entsprechend zu sein. Allerdings gibt es hier das Selbstbild und das Fremdbild. In einem Test zum Fremdbild in einer Veranstaltung vor Jahren waren einige Teilnehmer ziemlich nahe an meinem Selbstbild, aber es gab auch Teilnehmer, welche mein Selbstbild nicht so „erkannten". Hier stellt sich natürlich die Frage, warum weichen Selbstbild und Fremdbild voneinander ab? Es gibt oft keine Übereinstimmung, da die Wahrnehmung immer von subjektiven Registrierungen, Erfahrungen und Wünschen beeinflusst wird und damit unterschiedlich ist. Da ich aus zahllosen unterschiedlichen äußeren sowie inneren Eigenschaften bestehe, kann kaum jemals eine Übereinstimmung im Selbstbild und im Fremdbild erreicht werden. Die Übertragung der eigenen Vorstellungen auf eine Person oder eine Sache wird als Realität angesehen und erzeugt eher ein gewünschtes Bild. Durch diese Übertragung entsteht aber ein verzerrtes Bild der Realität.

Eine Freundin hat mich mal so beschrieben: „Du hast eine positive Ausstrahlung. In deiner Gegenwart fühle ich mich sehr wohl. Es macht Spaß sich mit dir zu unterhalten. Du bist unkompliziert. Du machst auch Blödsinn mit. Du zeigst Empathie. Du hast Humor. Du bist einfach ein ganz bezauberndes Wesen." Das waren phantastische Komplimente, welche mich natürlich sehr gefreut haben. Und einiges kann ich natürlich auch so bestätigen.

Aber was sehen die anderen nicht? Welche inneren und äußeren Eigenschaften erkenne ich selbst an mir? Ich denke ich bin verletzlich und sensibel, was "Frau" natürlich nach außen hin nicht so zeigt. Ich gehe einem Streit eher aus dem Weg, bin kompromissbereit und gutmütig (bis zu einem gewissen Grad). Ich wirke lustig und fröhlich, obwohl ich auch mit meinen Gefühlen und Emotionen manchmal hadere.

Oft beachtete ich meine Bedürfnisse nicht, weil mir die Zeit fehlte, um meine Bedürfnisse zu erkennen oder weil ich mich mit meinen Bedürfnissen nicht beschäftigt habe. Beschäftigst du dich mit deinen Bedürfnissen?

Nach Maslow unterscheiden wir ja folgende Bedürfnisse, welche er in der Bedürfnispyramide beschreibt (das wichtigste Bedürfnis steht dabei ganz unten, also die Grundbedürfnisse):

- Selbstverwirklichung (Entwicklung der eigenen Persönlichkeit),
- Individualbedürfnisse (Anerkennung, Status, Ansehen, Einfluss und Macht),
- Soziale Bedürfnisse (Gesellschaft, Kontakt, Partner, Freundschaft, Liebe),
- Sicherheitsbedürfnisse (Wohnen, Arbeit, Einkommen, …),
- Grundbedürfnisse (Hunger, Durst, Ruhe und Bewegung, Schlafen, Sex, Schutz).

In meinem Fall habe ich die sozialen Bedürfnisse, aber auch das Grundbedürfnis der Ruhe, vernachlässigt. Bei Langzeitarbeitslosen werden gewöhnlich fast alle Bedürfnisse vernachlässigt außer den Grundbedürfnissen.

Was ist meine Einzigartigkeit, was sind meine Interessen und Talente? Natürlich sind wir alle einzigartig. Es gibt keinen zweiten Menschen auf der Welt, der die gleichen inneren und äußeren Eigenschaften hat wie du. Gut, Zwillinge sind sich sehr ähnlich, aber auch diese sind einzigartig. Aber was ist meine Einzigartigkeit und was sind meine Talente?

Nach längerem Nachdenken komme ich zu folgenden Eigenschaften:

- Ich bin respektvoll im Umgang mit meinen Mitmenschen.
- Ich bin ein unkomplizierter, vielseitig interessierter und ein dynamischer Mensch.
- Ich bin sportlich und bin für mein Alter „noch ganz gut in Schuß".
- Ich bin kreativ (zumindest wenn ich genügend Zeit dafür habe).

- Ich setze meine Ideen gewöhnlich schnell um.
- Ich kann gut Autofahren, Einparken und habe einen guten Orientierungssinn (und das als Frau).
- Ich kann gut organisieren und planen.
- Ich bin neugierig und interessiert an neuen Kulturen, Ländern und Städte.
- Ich bin eine gute Reisebegleitung und Reiseführerin.
- Ich bin unternehmenslustig und ich kann mich gut anpassen.

Was macht dich einzigartig (neben meinen bereits aufgelisteten Eigenschaften)?

- Du siehst gut aus und kleidest dich schick,
- Du bist ein guter Unterhalter in der Gesellschaft,
- Du bist ein guter Kommunikator,
- Du bist sozial engagiert,
- Du bist immer für deine Familie/Freunde da,
- Du bist ein guter Freund/Freundin,

- Du hast eine gute Allgemeinbildung,
- Du hast ein tolles und ausgefallenes Hobby.

Aber ich habe ja noch weitere spirituelle Hinweise als Botschaften bekommen. Eventuell helfen mir diese ja weiter, um noch weitere Talente und Bedürfnisse zu finden. Ist das nicht verrückt, wie kann es sein, dass das Universum weiß, worüber ich mir Gedanken mache. Und das Universum schickt mir dann auch noch einen Fuchs, der mir symbolisch weitere Ideen und Erkenntnisse auf den Weg gibt. Am besten gefallen mir die Erkenntnisse „suche weiter, denn die Zeit des Findens steht bevor" und „Du kommst deinem Seelenplan auf die Spur". Ja, da habe ich ja noch etwas zu tun, aber es wird ja auch mit Erfolg gekrönt.

Der Ausdruck „Seele" hat vielfältige Bedeutungen laut Wikipedia, je nach den unterschiedlichen mythischen, religiösen, philosophischen oder psychologischen Traditionen und Lehren, in denen er vorkommt. Im heutigen Sprachgebrauch ist oft die Gesamtheit aller Gefühlsregungen und geistiger Vorgänge beim Menschen gemeint. In diesem Sinne ist „Seele" weitgehend mit dem Begriff Psyche synonym.

„Seele" kann aber auch ein Prinzip bezeichnen, von dem angenommen wird, dass es diesen Regungen und Vorgängen zugrunde liegt, sie ordnet und auch körperliche Vorgänge herbeiführt oder beeinflusst. Ist deine Seele gesund, dann ist auch deine Psyche gesund. Und wir wissen alle, dass eine kranke Seele auch Krankheiten herbeiführen kann, wie zum Beispiel Depressionen oder Burnout.

Darüber hinaus gibt es religiöse und philosophische Konzepte, in denen sich „Seele" auf ein immaterielles Prinzip bezieht, das als Träger des Lebens eines Individuums und seiner durch die Zeit hindurch beständigen Identität aufgefasst wird. Oft ist damit die Annahme verbunden, die Seele sei hinsichtlich ihrer Existenz vom Körper und damit auch dem physischen Tod unabhängig und mithin unsterblich. Der Tod wird dann als Vorgang der Trennung von Seele und Körper gedeutet. In manchen Traditionen wird gelehrt, die Seele existiere bereits vor der Zeugung, sie bewohne und lenke den Körper nur vorübergehend und benutze ihn als Werkzeug oder sei in ihm wie in einem Gefängnis eingesperrt. In vielen derartigen Lehren macht die unsterbliche Seele allein die Person aus. Der vergängliche Körper wird als unwesentlich oder als Belastung und Hindernis für die Seele betrachtet. Zahlreiche Mythen und religiöse Dogmen machen Aussagen über das Schicksal, das der Seele nach dem Tod des Körpers bevorstehe. In einer Vielzahl von Lehren wird angenommen, dass eine Seelenwanderung (Reinkarnation) stattfinde, das heißt, dass die Seele nacheinander in verschiedenen Körpern eine Heimstatt habe.

Aber was ist denn ein Seelenplan?

Für ein Erdenleben legt eine Seele im Himmel, zusammen mit ihrem Schutzengel, ihren Seelenplan für eine neue Inkarnation fest. Sie befindet sich in einer Art Zwischenleben. Die Seele erkennt das Davor und das Danach. Sie kann aus allen vergangenen Leben diejenigen Szenen abrufen und erkennen, wo ungelöste, also nicht losgelassene Emotionen noch der Aufarbeitung bedürfen. Über die Resonanz ihrer Seelenschwingung, auch der Verstrickung nicht gelöster Emotionen, fühlt sie sich dann zu entsprechenden Lebensaufgaben, Eltern und Kultur hingezogen. Der Seelenplan ist eine erweiterte Schwingung der Seele, welcher die in dieser Inkarnation vorgenommenen zu kultivierenden Seelenqualitäten beinhaltet und der sich wie ein roter Faden durch unser Leben zieht. Der rote Faden ist dann der vorgenommene Weg, um sich immer mehr in der Liebe zu erfahren und verstärkt über sie wahrzunehmen und sich mehr und mehr zur Resonanzlosigkeit (Gott ist eine resonanzlose Liebe) und All-Liebe hin zu entwickeln. Je mehr der Mensch nach diesem Plan agiert, umso glücklicher, erfolgreicher und auch gesünder wird er sein. Folgt er dagegen seinem Herzensruf, seiner Intuition und seinem Seelenruf nicht, so handelt er vornehmlich aus seinem Intellekt und aus seinen Prägungen und somit aus einer unbewussten, oft auch negativ geprägten Resonanz heraus und kommt vom einst vorgenommenen Plan mehr oder weniger ab.

Viele eintretende Ereignisse sind im Seelenplan angelegt, die meisten jedoch entwickeln sich aus der momentanen Resonanz unseres vorherrschenden Gedankengutes heraus, denn jeder Gedanke ist ein Baustein am werdenden Schicksal und das, was wir heute denken, werden wir morgen sein oder bekommen. Es sind die vorherrschenden Gedanken, die über unsere Resonanz die Schicksalsfäden spinnen. Es handelt sich dabei überwiegend um das unbewusst vorhandene Gedankengut. Deshalb sollen wir achtsam mit unseren Gedanken umgehen, um zu erkennen, was in uns denkt und uns unbewusst steuert. Wir sollten mit Bewusstsein und Urvertrauen, mit einem tiefen Glauben an Gott und an die Schöpfung durch das Leben gehen und Tugenden wie Verständnis, Mitgefühl, Güte und Liebe kultivieren. Je liebevoller und lichtvoller wir in unserem Herzen sind, desto reiner, lichtvoller, liebevoller sind wir in unseren Gedanken und Taten (lichtvolle Weg). Die reine Liebe ist göttlich und befindet sich außerhalb der Resonanz und in reiner All-Liebe kann sich unser Schicksal zum Guten wenden.

(Quelle: www.matrix-erfahrung.eu/html/erkenne-deinen-seelenplan.html)

Also ich gehe mal davon aus, dass ich noch ungelöste Emotionen zu verarbeiten und jetzt die „Aufgabe" habe, zurück zu meinem Seelenplan zu finden. Meine negativen Gedanken beziehen sich dabei auf Betrug, Unehrlichkeit und Missachtung durch meine Mitmenschen. Diese Erkenntnis habe ich sehr spät, aber spontan erlangt. Da ich diese Erkenntnis nun habe, kann ich jetzt meinem Herzensruf folgen. Damit kann ich wieder zu meinem Seelenplan zurückfinden, indem ich meine negativen Gedanken in positive Gedanken transformiere, beziehungsweise die negativen Gedanken noch mehr bewusst mache. Folgst du deinem Herzensruf, deinem Seelenplan?

Mit der Botschaft „Suche weiter, denn die Zeit des Findens steht bevor" ging das Gedanken-Wirrwarr wieder los. Ich habe mir Gedanken gemacht, wo man denn ganzjährig Wandern und Radfahren kann, denn das mache ich sehr gerne und das ist mir spontan im Wald eingefallen. Als ich wieder zu Hause war, bin ich gleich über meinen Laptop hergefallen und hab nach „ganzjährig Wandern" gesucht, was sicherlich auf den Kanaren möglich wäre. Aber auch das hat mich kein Stück weitergebracht.

Die Bestimmung zu finden braucht Zeit, Geduld und Mut. Es sollte jedoch keine Rolle spielen, wie lange es dauern wird, bis du deinen Lebenssinn „findest". Denn jeder Druck und jede Erwartung, die du an das „Finden" setzt, wird dich in deiner jetzigen Situation festhalten. Die „wahre" innere Stimme (angenehm, stärkendes Gefühl) hilft dir dabei, deinen Weg zu erkennen und dich für das zu entscheiden, was für dich liebevoll ist.

„Lebe deine innere Stimme".

„Der einzige Tyrann, den ich in dieser Welt anerkenne, ist die leise innere Stimme." (Mahatma Gandhi)

Was ist die „innere Stimme"? Herzensruf - Intuition, Instinkt, Vertrauen.

Die Intuition ist die Fähigkeit, Einsichten in Sachverhalte, Sichtweisen, Gesetzmäßigkeiten oder die subjektive Stimmigkeit von Entscheidungen zu erlangen, ohne diskursiven Gebrauch des Verstandes, also etwa ohne bewusste Schlussfolgerungen. Intuition ist ein Teil kreativer Entwicklungen. Der die Entwicklung begleitende Intellekt führt nur noch aus oder prüft bewusst die Ergebnisse, die aus dem Unbewussten kommen.

„Lass den Lärm anderer Leute Meinungen nicht deine eigene innere Stimme ertränken. Und am wichtigsten: Hab Mut, deinem Herzen und deiner Intuition zu folgen. Irgendwie wissen sie bereits, was du wirklich willst. Alles andere ist zweitrangig." (Steve Jobs)

Also folge deiner Intuition und lebe „deine Wahrheit". Aber was ist denn die Wahrheit?

Dem Begriff Wahrheit werden verschiedene Bedeutungen zugeschrieben, wie Übereinstimmung mit der Wirklichkeit, einer Tatsache oder einem Sachverhalt, aber auch einer Absicht oder einem bestimmten Sinn, beziehungsweise einer normativ als richtig ausgezeichneten Auffassung oder den eigenen Erkenntnissen, Erfahrungen und Überzeugungen (auch „Wahrhaftigkeit").

Alltagssprachlich kann man die „Wahrheit" von der Falschheit, der Lüge als absichtlicher Äußerung der Unwahrheit und dem Irrtum als dem fälschlichen Fürwahr halten abgrenzen.

„Die Wahrheit zu nennen, ein Spiel. Die Wahrheit erkennen, ist viel. Die Wahrheit zu sagen, oft schwer. Die Wahrheit ertragen, noch mehr."

(Quelle: Sprüche von Woxikon - www.woxikon.de)

In meinem Fall liegt die Wahrheit in meinen eigenen Erkenntnissen, aber auch zum Teil in meinen Überzeugungen. Denn meine Erkenntnis ist, dass ich mit Hierarchien leben kann und meine Vorgesetzten respektiere, jedoch ein Problem mit Menschen mit „Hierarchie-

Phobie" habe. Zudem ist meine Überzeugung, dass ich meine ganze Energie in meine Arbeit einbringen möchte, jedoch bei „Verpuffung" meiner Energie (und das ist der Fall, wenn Aufgaben aufgrund von Angst und „Strategie-spielchen" nicht umgesetzt werden) ent-schwindet bei mir die Motivation. Hier verspü-re ich keine weiteren Ambitionen, meine Ener-gie weiterhin in dieser Firma zu verschwenden. In dieser Firma arbeite ich übrigens auch nicht mehr.

Begutachten wir mal die Freizeit. Wir versu-chen in unserer freien, übrigen Zeit möglichst viel Sport zu machen, Freunde zu treffen oder einfach mal den ausstehenden Erledigungen nachzukommen.

Zum Beispiel die Einkommenssteuer – ist mein „Lieblings-Vor-mir-her-schieb-Thema".

Ich hasse die Einkommensteuer, aber hilft ja nichts, es muss gemacht werden. Und mal ehr-lich, wenn sie gemacht ist, ist das, zumindest für mich, wie ein Befreiungsschlag und eine Wohltat.

Der Trend zum Halbmarathon, Marathon oder sogar zum Triathlon nimmt immer mehr zu, obwohl die freie Zeit immer weniger wird. Ist das nicht paradox? Manager versuchen mit Sport zu entspannen und fit zu bleiben, und legen den Sporttermin dann in eine letzte „freibleibende" Lücke in ihrem Terminkalender, da ist der Burnout doch schon vorprogrammiert.

Übrigens, zu viel Sport erhöht den Testosteronspiegel und führt bei Frauen zu einer Vermännlichung, also zu vermehrter Behaarung (auch Damenbart genannt), veränderter Stimme und hat Einfluss auf die Muskulatur und die Gesichtszüge. Testosteron hat verschiedene Wirkungen auf diverse Organe. Es bewirkt zum Beispiel die Entstehung des männlichen Phänotyps, ist für das Wachstum (insbesondere den Aufbau von Muskelmasse und Fettspeicher) mit verantwortlich und sorgt für die Spermienproduktion.

Warum treiben wir Sport? Früher, als es noch eine Vielzahl an Landwirtschaftsbetrieben gab, hat man kaum Sport getrieben, außer vielleicht Fußball, denn den modernen Fußball gab es in England schon seit der frühen Industrialisierung, aber die Anfänge des Fußballspiels waren sehr viel früher. Die Landwirte und Landfrauen waren den ganzen Tag an der frischen Luft und hatten genug Bewegung und Krafttraining. Heute mit unseren Bürojobs ist das vorbei. Wir suchen in der Freizeit die Natur und die Bewegung. Jedoch sind wir im Unterschied zu den Landwirten und Landfrauen „nutzlos" unterwegs. Damit meine ich, dass wir nichts produzieren, oder ernten oder säen, sondern „nutzlos" durch den Wald, die Wiesen, Täler und oft sogar durch Städte rennen. Fühlen wir uns nutzlos? Und ist das daher der Grund, warum Manager immer häufiger „freiwillige Dienste" übernehmen. Menschen zahlen also dafür, dass sie arbeiten dürfen. Habe ich übrigens auf einem Ziegenhof im Tessin in der Nähe vom Lago Maggiore auch schon gemacht, aber unter dem Motto „Arbeiten und dafür Kost und Logis frei".

Meines Erachtens sollten wir wieder mehr zurück zum Ursprünglichen und zur Natur, die Natur schätzen, was natürlich auch den Umweltschutz einbezieht, und die Industrialisierung nicht immer weiter vorantreiben. Das ist keine leichte Aufgabe, aber jeder von uns kann mit sehr kleinen Schritten beginnen. Zum Beispiel öfter das Fahrrad anstatt das Auto benutzen. Ok, wir müssen nicht gleich zur Öko-Kommune werden, die zum Beispiel als Selbstversorger in Odrintsi in Bulgarien leben.

„Die Natur ist ein Brief Gottes an die Menschheit."
(Platon)

Aber wir alle haben es alleine in der Hand. Warum muss immer alles besser und schneller gehen, beziehungsweise besser werden? Weil wir schlichtweg keine Zeit haben. Das bedeutet doch im Umkehrschluss, dass wir uns wieder mehr Zeit für alltägliche Dinge, zum Beispiel zum Einkaufen, für die Körperpflege, für die Familie, für Freunde oder für die Gartenarbeit nehmen sollten. Ich und du könnten dabei mit kleinen Dingen beginnen, wie zum Beispiel mehr Zeit im Bad verbringen (aber bitte beim Zähneputzen das Wasser abdrehen). Oder wir könnten versuchen, die Arbeitszeit zu reduzieren und diese Zeit für die Unterstützung alleinerziehender Elternteile, damit diese sich auch mehr Zeit für andere Dinge nehmen können, für den Umweltschutz, oder für den Eigenanbau von Gemüse im Garten nutzen. Das sind nur sehr wenige Beispiele.

„Wir sind für alles verantwortlich, was auf dieser Welt geschieht. Wir sind die Krieger des Lichts. Mit der Kraft der Liebe und mit Willenskraft können wir unser eigenes Schicksal und das vieler anderer Menschen verändern". (Paulo Coelho – Schutzengel)

Ein anderes Phänomen ist auch das Lauftraining in der Gruppe. In meiner Laufgruppe waren fast alle Teilnehmer Frauen. Die Männerquote war sehr gering, größtenteils hatten wir nur einen sogenannten Quotenmann. Und wie das manchmal so ist in einer Frauenclique, hier gibt es Komplimente und Neid, Freundschaften und Unstimmigkeiten. Was natürlich oft, aber nicht immer zu Entspannung führt. Von Meditation ganz zu schweigen.

Warum läuft man in der Gruppe? Zum einen, um nette Gesellschaft zu haben und zum anderen, um den „inneren Schweinehund" zu überlisten. Denn wenn man eine Verabredung hat, dann hält man diese eher ein, zumindest ist das bei mir so. Zudem erfährt man wirklich sehr interessante Dinge. Man tauscht sich über Gott und die Welt aus und erfährt Neuigkeiten. Es lenkt ab und macht Spaß. Und wir haben mit der Laufgruppe auch schon sonstige Unternehmungen unternommen, wie zum Beispiel Wanderungen oder Konzertbesuche.

„Es gibt nur zwei Tage im Jahr, an denen man nichts tun kann. Der eine ist Gestern, der andere Morgen. Dies bedeutet, dass heute der richtige Tag zum Lieben, Glauben und in erster Linie zum Leben ist". (Dalai Lama)

Noch schnell ein paar E-Mails beantworten und daneben das belegte Brot verdrücken? Oder das Abendessen vor dem Fernseher einnehmen? Das passiert schnell und wer erkennt sich in dieser Vorgehensweise nicht wieder. Was wir essen muss jeder für sich selbst entscheiden, aber bei langanhaltender ungesunder Ernährung sollte dringend gegengesteuert werden. Wie wir essen bedingt eine gewisse Aufmerksamkeit und Achtsamkeit, denn oft werden die Schnelligkeit des Essens, die Themen beim Mittagessen oder der Ort (laute Kantine oder Essen vor dem Fernseher), an dem wir essen nicht wirklich wahrgenommen. Dein Ziel sollte sein, bewusst mit allen Sinnen zu essen und sich ausreichend Zeit für das Essen zu nehmen. Oder weißt du abends noch, was du mittags gegessen hast? Also ich musste schon mehrmals intensiv darüber nachdenken, was ich mittags gegessen habe. Bei der Frage „Was soll ich essen?" gibt es genügend Ernährungsbücher und auch Ernährungsberater und jeder sollte natürlich sein Ernährungsentwurf umsetzen. Zum Beispiel eine vegetarische, vegane oder zuckerreduzierte Ernährung. Aber an der Umsetzung „wie und wo wir essen" können wir selbst arbeiten und neue Wege einleiten. Und in Gesellschaft schmeckt das Essen ja gewöhnlich immer viel besser.

Meines Erachtens sollte auch wieder mehr Augenmerk auf den Anbau von Nahrungsmitteln, auf die Tieraufzucht (zum Beispiel ein Ziegenhof), auf die natürliche Herstellung von Nahrungsmitteln (zum Beispiel Ziegenkäse oder Ziegenmilch) oder auf die Gewinnung von Wolle, zum Beispiel aus Alpakafellen, gelegt werden.

Diese Einstellung ist „meine Wahrheit" und diese sollte ich auch leben. Immerhin habe ich damit begonnen, für den Eigenverbrauch Erdbeeren, Paprika und Kräuter selbst „anzubauen". Über eine Alpakazucht denke ich noch nach. Denn diese Tiere sind ausgesprochen gut dafür geeignet, Ruhe zu finden und es sind sehr liebenswerte Tiere. Probier es doch mal aus und geh mit einem Alpaka wandern.

Was ist nun die zusammenfassende Antwort: Das Leben ist kein Albtraum – man hat es selbst in der Hand und man kann es jederzeit anders gestalten. Und man sollte seine Ängste und Blockaden überwinden und dazu muss man unter Umständen seine Komfortzone verlassen. Dazu gehört, dass man sich seine Ängste erst bewusst macht, diese dann bewertet - also sind die Ängste überhaupt berechtigt oder sind diese banal - und dann versucht, die berechtigten Ängste zu überwinden.

Wir haben Angst vor Terror und vor Krankheit - denken wir nur an die vielen Vorsorgeuntersuchungen und Impfungen (sicherlich sind einige hilfreich, jedoch gehen die Meinungen sehr weit auseinander). Wir haben Angst vor dem Versagen, vor dem Ausgeschlossen werden und vor vielem mehr. Aber ist das wirklich berechtigt. Wenn wir an die Zeit denken, die uns im Leben bleibt, warum beschäftigen wir uns mit dem Thema Angst so intensiv? Woraus resultiert diese Angst?

Warum haben wir Angst oder sollte ich sagen warum habe ich Angst?

Als Kind hatte ich kaum Angst, da habe ich eine Menge ausprobiert. Zum Beispiel sind meine Freundin und ich zu zweit auf einem, von meinem Onkel aus alten Rollschuhen gebastelten, Skateboard den Berg hinunter gerast und dann anstatt die enge Kurve zu nehmen, was auch nicht möglich war, geradeaus in ein mit einer Bordkante abgegrenzten Rasen gedonnert. Passiert ist dabei nie etwas, aber wir hatten ja auch keine Angst. Wir hatten einfach ein Gottvertrauen. Oder im Urlaub, da überlegen wir doch nicht lange, ob wir uns ins Wasser stürzen oder nachts nackt im Meer und nicht im „sicheren" Pool baden. Das liegt sicherlich daran, dass wir im Urlaub viel entspannter sind als zu Hause im Alltagsstress. Wir lassen uns im Urlaub mehr „gehen", lassen den Alltagsstress zu Hause und sind wesentlich entspannter. Außerdem habe ich den Eindruck, wenn ich wirklich die Entspannungsphase im Urlaub erreicht habe, was gewöhnlich mindestens eine Woche dauert, dann schaltet mein Gehirn auch auf „Entspannungsmodus". Damit meine ich, dass ich einfach nicht mehr klar denken kann, was natürlich bei meinem denkintensiven Job dann den Erholungseffekt hervorruft.

Ein Beispiel dafür war ein Kurzurlaub mit meiner Freundin S. in der Türkei. Gewöhnlich mache ich regelmäßig einen Kurzurlaub im Jahr, entweder mit meiner Schwester oder mit einer Freundin, unabhängig davon, ob ich in einer Beziehung bin oder nicht. Zurück zur Türkei. Da meine Freundin und ich sehr sportlich sind, na ja, sie ist noch sportlicher und geht morgens schon sehr früh auch im Urlaub zum Strandlauf, den ich gewöhnlich auslasse und dafür schön ausschlafe, sind wir jeden Tag in die Fluten, also ins Mittelmeer gesprungen und haben eine ausgiebige Schwimmeinheit vollzogen. Wir sind kilometerlang erst am Strand entlang geschwommen und dann haben wir ein Hotel mit einem tollen Strand entdeckt und haben diesen Strand als Ziel für unsere Schwimmeinheit definiert. Jeden Tag sind wir dann von unserem Hotel zum Strand des anderen Hotels geschwommen, wo wir uns eigentlich nicht aufhalten durften, da es ein privater Strand war. Das waren sicherlich zwei bis drei Kilometer. An einem Tag schwamm S. mit der Schwimmbrille voraus, da sah ich plötzlich eine kleine Spitze aus dem Wasser ragen. Ich war mir sicher, es war ein kleiner Hai, sagte aber zu S. nichts, da sie eh im Kraulstil vor mir schwamm. Natürlich überlegte ich, was ich nun tun sollte. Ich entschloss mich, sie laut anzubrüllen, habe aber vom Hai nichts gesagt, sondern nur, dass ich es gerade besser fände, dass wir wieder an Land schwimmen. Interessanterweise hat sie gar nicht gefragt warum. Erst als wir wieder an Land waren, habe ich ihr vom Hai erzählt und dann war sie sichtlich froh, dass wir rausgeschwommen sind. An der Rezeption erzählte ich dann vom Hai und der Hotelangestellte meinte, es gibt keine Haie hier, komisch. Später habe ich dann gegoogelt und gelesen, dass es eine Menge verschiedener Haie im Mittelmeer gibt. Heute überlege ich mir bei allen Gewässern, was könnte darin schwimmen, welche Tiere? Sind diese eventuell gefährlich? Oder im See überlege ich beispielsweise, ob es eventuell Schlingpflanzen geben könnte, welche mich in den Abgrund ziehen könnten. Oder Taucher, welche plötzlich an der Wasseroberfläche auftauchen und mich mit ihrem Tauchgerät verletzen könnten. Was für blöde Horrorszenarien. Ich möchte wieder leicht und unbekümmert, wie in meiner Jugend, in ein Gewässer springen können und einfach mit

Gottvertrauen das Wasser, die Natur, das Schwimmen und die Entspannung genießen.

Hier also nur ein Beispiel für Angst. Wir haben eine natürliche, instinktive Angstwahrnehmung, welche uns angeboren ist und welche wir früher noch mehr als heute, zum Überleben benötigen. Wenn der Säbelzahntiger früher auf uns losrannte, hat unsere natürliche Angstwahrnehmung unserer Amygdala ein Signal gegeben, dass es an der Zeit wäre wegzurennen. Und auch heute benötigen wir diese Wahrnehmung, um zum Beispiel eine Notsituation zu erkennen. Aber wir haben noch vor so viel mehr Dingen Angst. Wir haben Angst vor dem Versagen. Aber gibt es denn ein Versagen oder sollten wir es nicht einfach als eine Lerneinheit verstehen und uns täglich einmal blamieren.

Ich denke, dass man im Alter viel mehr Angst hat. Dies wird unter anderem durch die Hormonregulation beeinflusst und natürlich auch durch bereits gemachte Erfahrungen. Gewöhnlich reguliert unser Körper unsere Hormone, mit Ausnahme in den Phasen der Pubertät, den Wechseljahren und in der sogenannten „Midlife-Crisis". Dies gilt übrigens für Männer genauso wie für Frauen. In diesen Phasen kommt die Hormonregulation komplett durcheinander, was auch Auswirkungen auf unseren Hypothalamus, und damit auch auf unser Gehirn hat. In der Pubertät hat das schwerwiegende Einflüsse auf das Verhalten der Jugendlichen, aber auch bei der „Midlife-Crisis" machen viele Menschen sehr verrückte Dinge, da sie meinen sie wären wieder zwanzig oder dreißig Jahre alt. Zum Beispiel suchen sich Männer in diesem Alter wieder junge Frauen als Partnerinnen. Was natürlich auch den Effekt hat, dass sich Mann wieder jung fühlt und er damit eine Bestätigung für seine Attraktivität bekommt. Aber auch im Alter werden wir von diesen Hormonen getrieben und die Angst für Neues oder die Angst vor Vielem nimmt zu. Aber warum und wovor haben wir Angst? Ist diese Angst berechtigt?

„Angst ist eine negative Projektion in die Zukunft".

Die Angst ist rein fiktiv, eine Projektion im Kopf, ohne Realitätsbezug oder hat sich bisher die Angst jemals bei dir in Form von bestimmten Erlebnissen gezeigt?

Wie kann ich die Angst in etwas Positives umwandeln? Ganz einfach, indem wir unsere Gedanken neu gestalten. Dabei können die Gedanken nur durch neue Konditionierungen, also durch bewusste Gedanken, beziehungsweise durch Gedankenhygiene neu erschaffen werden. Dies führt auch zu einer Neugestaltung des Lebens.

„Wir sind, was wir denken. Alles was wir sind, entsteht aus unseren Gedanken. Mit unseren Gedanken formen wir die Welt." (Buddha)

Wie kann ich mein Leben selbst gestalten:

- Was wir denken und Konditionierungen erschaffen die eigenen Lebensumstände (bewußt und unbewußt),
- Konkrete und bewusste Gedanken (mit Bilder meine Realität schaffen),
- Gedankenhygiene (was denke ich über mich, über andere, über mein Leben?),
- Bewusste Entscheidung(en) treffen.

Das bedeutet, dass ich in jedem Augenblick mein Leben gestalten kann. Dies kann über die Gedanken erfolgen, aber auch über bewusste Entscheidungen.

„Das Glück deines Lebens hängt von der Beschaffenheit deiner Gedanken ab." (Marcus Aurelius)

Meine größte Angst ist eine finanzielle Abhängigkeit von einem anderen Menschen. In der Numerologie bin ich eine 8. Das bedeutet meine Lebensaufgabe liegt in der Wahrung von Liebe, Respekt, Treue und einer finanziellen Unabhängigkeit.

Die Achtung und Beachtung erfährt der Mensch durch die Liebe zu sich selbst und durch die Liebe zu seinem Partner, zu seinen Mitmenschen, also zu seiner Mitwelt. Das Bewusstsein, immer und jederzeit geliebt zu sein, gilt es immer wieder aufs Neue zu entdecken. Die Wahrheit gegenüber sich selbst und die Ehrlichkeit im täglichen Tun führen zur Liebe des Lebens. Liebe ist keine Forderung, sondern Liebe ist einfach. Umarmt und liebt man alles, was im Leben so ist, so können Harmonie und Frieden einkehren und Reichtum und Fülle werden uns nicht mehr verlassen. Die Liebe erlöst von der Qual des Lebens.

(Quelle: Pentagramm des Lebens; Das Leben verstehen – das Schicksal neu bestimmen von Franziska Krattinger)

„Liebe - Wenn ich mit den Sprachen der Menschen und der Engel rede, aber nicht Liebe habe, so bin ich ein tönendes Erz geworden oder eine schallende Zimbel. Und wenn ich Weissagung habe und alle Geheimnisse und alle Erkenntnis weiß, und wenn ich allen Glauben habe, so dass ich Berge versetzte, aber nicht Liebe habe, so bin ich nichts. Und wenn ich alle meine Habe zur Speisung der Armen austeile, und wenn ich meinen Leib hingebe, damit ich verbrannt werde, aber nicht Liebe habe, so nützt es mir nichts. Die Liebe ist langmütig, ist gütig; die Liebe neidet nicht, die Liebe tut nicht groß, sie bläht sich nicht auf, sie gebärdet sich nicht unanständig, sie sucht nicht das Ihre, sie lässt sich nicht erbittern, sie rechnet das Böse nicht zu, sie freut sich nicht über die Ungerechtigkeit, sondern sie freut sich mit der Wahrheit, sie erträgt alles, sie glaubt alles, sie hofft alles, sie erduldet alles. Die Liebe vergeht niemals; seien es aber Weissagungen, sie werden weggetan werden; seien es Sprachen, sie werden aufhören; sei es Erkenntnis, sie wird weggetan werden. Denn wir erkennen stückweise, und wir weissagen stückweise; wenn aber das Vollkommene gekommen sein wird, so wird das, was stückweise ist, weggetan werden. Als ich ein Kind war, redete ich wie ein Kind, dachte wie ein Kind, urteilte wie ein Kind; als ich ein Mann wurde, tat ich das weg, was kindlich war. Denn wir sehen jetzt mittels eines Spiegels, undeutlich, dann aber von Angesicht zu Angesicht. Jetzt erkenne ich stückweise, dann aber werde ich erkennen, wie auch ich erkannt worden bin. Nun aber bleibt Glaube, Hoffnung, Liebe, diese drei: die größte aber von diesen ist die Liebe."

Was denkst du, von wem das ist? Du wirst es nicht glauben, aber es ist aus der Bibel – Korinther 13, 1-13.

Respekt bezeichnet eine Form der Wertschätzung, Aufmerksamkeit und Ehrerbietung gegenüber einem anderen Lebewesen (Respektsperson) oder einer Institution. Eine Steigerung des Respektes ist die Ehrfurcht, etwa vor einer Gottheit. Antonyme sind Respektlosigkeit, Missachtungen und gesteigerte Verachtung.

Der Ausdruck „Respekt" wird normalerweise auf zwischenmenschliche Beziehungen angewandt, kann jedoch auch auf Gruppen, Institutionen, Tiere, Länder oder Moralansichten, beziehungsweise fremden gesellschaftlichen Ansichten bezogen werden. Respekt impliziert nicht notwendigerweise Achtung, aber eine respektvolle Haltung schließt bedenkenloses egoistisches Verhalten aus.

Mehr zum Thema egoistisches Verhalten kann im Buch von Richard David Precht „Die Kunst kein Egoist zu sein – Warum wir gerne gut sein wollen und was uns davon abhält" nachgelesen werden.

Wir können heute eine Art Werteverluste erkennen, weil zum Beispiel Regeln nicht beachtet werden. Diese Regeln haben „Andere" aufgestellt und werden von diesen oft auch nicht beachtet und umgesetzt. Ein Beispiel dafür ist die katholische Kirche. Deren Vorbildfunktion wird nicht erfüllt. Dadurch ertönt der Ruf nach einer „neuen Moral".

Doch was ist eigentlich die Moral?

Die Moral bezeichnet zumeist die faktischen Handlungsmuster, Konventionen, Handlungsregeln oder -prinzipien bestimmter Individuen, Gruppen oder Kulturen. Zum Beispiel hat eine Führungskraft auch eine Vorbildfunktion für seine Mitarbeiter. Ich denke, unsere Wirtschaft, unsere Kinder und die Liebe/Partnerschaft braucht eine neue Moral. Nur wie soll diese neue Moral aussehen? Die neue Moral kann nur durch die Vorbildfunktion entstehen. Wir wollen kein Vorbild sein. Denn ein Vorbild steht immer in der Kritik der Menschen, für die dieser ein Vorbild sein soll. Ein Vorbild zu sein wird als anstrengend und belastend empfunden. Hier verstecken wir uns doch gerne hinter einem Anderen, der dieses Vorbild viel besser repräsentieren kann.

Die Respektvorstellung ist etwas Vorausgehendes und leitet sich nicht aus einer Rechtsvorstellung ab. Aspekte des Respekts können sehr mannigfaltig sein und äußern sich in verschiedenen Gesellschaften auch unterschiedlich. Kulturell bedingte Verschiedenheiten im Verhalten, Selbstwahrnehmung und Außenwahrnehmung können unbeabsichtigt den Anschein von Respektlosigkeit oder gar Tabuverletzung erwecken.

Unser Leben kann nur in dem Maße mit inneren und äußeren Reichtum wachsen, wie wir selbst wachsen.

Robert Betz schreibt in seiner Homepage „Dem Leben eine neue Richtung geben" (www.robert-betz.com). Robert Theodor Betz ist ein deutscher Psychologe und Autor, der in München und auf Lesbos lebt. Er war drei Jahre im Klosterinternat der Steyler Missionare in der niederländischen Provinz Limburg und absolvierte anschließend eine Lehre zum Industriekaufmann. Am Abendgymnasium in Bonn legte er das Abitur ab und studierte Psychologie und Sozialpädagogik in Hamburg. Nach sechs Jahren Tätigkeit in Werbeagenturen in Hamburg und Frankfurt wechselte er in ein US-amerikanisches Industrieunternehmen als Vice President Marketing Europe. Im Alter von 42 Jahren stieg er aus diesem Berufsleben aus und zog nach München. Dort erlernte er die „Reinkarnations-Therapie" und nahm das „Studium von Botschaften der Geistigen Welt" auf, um auf dieser Basis als Psychotherapeut zu arbeiten.

Dem Leben eine neue Richtung geben, falls man sein Leben als Albtraum wahrnimmt? Also den Frosch küssen, damit der Traumprinz erwacht?

„Der Traumprinz" von David Safier ist ein wunderbarer Roman. Die Comiczeichnerin Nellie hat schlimmen Liebeskummer, und malt daher ihren Traumprinzen in eine alte tibetische Zeichenkladde, welche ihr zufällig in die Hände fiel. Als sie am nächsten Morgen aufwacht, hat der Prinz das Zeichenblatt verlassen und steht leibhaftig vor ihr. Gemeinsam mit dem ungestümen Prinzen macht Nellie sich in Berlin auf die Suche nach dem Geheimnis der magischen Kladde. Dabei erlebt das ungleiche Paar jede Menge Abenteuer. Das größte Abenteuer jedoch, welches die beiden zu bestehen haben, ist das der Liebe. Ein tolles Märchen.

Kapitel 2 – Ist das Leben ein Märchen?

Ein Märchen – Es war einmal, mit wundersamen Begebenheiten, das wünscht man sich für ein erfülltes Leben.

Besteht ein erfülltes Leben aus Luxus – einem schönen Haus, einem tollen Auto, schönen Urlauben mit einem Traumprinzen? Das hört sich doch wie ein traumhaftes Märchen an. Ich wünsche mir von einer Märchenfee ein Haus auf Hawaii und die Märchenfee zaubert mir das Haus herbei. Ich hatte diesen Luxus in meinem Leben - naja kein Haus auf Hawaii - und viele Menschen beneiden mich sicherlich dafür, aber trotzdem empfinde ich es nicht als ein erfülltes Leben. Also was fehlt?

Wie sieht es aus mit der Familie und den Freunden? Oh ja, das gehört definitiv zu einem erfüllten Leben. Gemeinschaft in jeglicher Form, denn wir Menschen sind eben mal keine Einzelgänger (zumindest gibt es da wenige Ausnahmen).

Und Haustiere sind phantastisch. Ich selbst habe zwei Katzen. Sie benötigen Schmuseeinheiten und müssen natürlich auch gepflegt und verpflegt werden - Futter und Wasser bereitstellen, bürsten und das Katzenklo nicht vergessen. Aber natürlich geben sie mir auch eine Menge zurück, denn sie sind die treuesten Mitbewohner.

Definition von Gemeinschaft nach Wikipedia:

Gemeinschaft (von „gemein, Gemeinsamkeit") bezeichnet in der Soziologie und der Ethnologie (Völkerkunde) eine überschaubare soziale Gruppe (beispielsweise eine Familie, Gemeinde, Wildbeuter-Horde, einen Clan oder Freundeskreis), deren Mitglieder durch ein starkes „Wir-Gefühl" eng miteinander verbunden sind – oftmals über Generationen. Die Gemeinschaft gilt als ursprünglichste Form des Zusammenlebens und als Grundelement der Gesellschaft (siehe auch Urgesellschaft).

Daraus kann man schließen, wer in einer glücklichen Gemeinschaft lebt, sollte ein erfülltes Leben haben. Und ich hatte das in meiner Ehe. Anscheinend bringt eine Scheidung einen tiefen Bruch in dieses erfüllte Leben, da das „Wir-Gefühl" gebrochen wurde. Und ich habe wunderbare Freundinnen und Freunde (kurz Freunde), allerdings auch Freunde mit wenig Zeit für gemeinsame Unternehmungen. Freunde sind eine Art „Kraftplatz" für mich.

„Ein Freund vermag eine Wüste in ein Paradies zu verwandeln". (Zenta Maurina)

Und wie schon erwähnt sind in der Firma mit den drei großen Buchstaben Freundschaften entstanden und man hat einen Teil seiner Freizeit mit Kollegen verbracht. Die Firma war eine Art Familie. Meine Familie, also meine Geschwister und deren Familien, meine Eltern und ein paar Freundinnen, sind leider ein paar hundert Kilometer entfernt und damit ist ein „Wir-Gefühl" hauptsächlich nur über Telefon, über Wochenendtrips oder kurze Urlaube möglich. Also das Dazugehören in einer Gemeinschaft ist ein wesentliches Element für ein erfülltes Leben.

Aber gibt es ein *wahres* „Wir-Gefühl", denn sind wir oder werden wir nicht immer egoistischer? Die Gruppenkohäsion bezeichnet das Gemeinschaftsgefühl („Wir-Gefühl"), das Feld der Bindungen der Einzelnen untereinander, den inneren Zusammenhalt der Gruppe. Aus einem hohen Gemeinschaftsgefühl folgt idealerweise Teamgeist und bewirkt, dass einzelne Mitglieder ihre individuellen Bedürfnisse zu Gunsten eines Gruppenkontextes (zum Beispiel die Bewältigung einer Gruppenaufgabe, Erreichung eines Gruppenzieles) zurückstellen. Dies geschieht nicht ohne die Abschätzung des Nutzens, welches mehr oder weniger bewusst vorgenommen wird. Die Zugehörigkeit zur jeweiligen Gruppe muss Vorteil für den Einzelnen versprechen. Dies kann allein daraus resultieren, dass die Zugehörigkeit zu einer bestimmten Gruppe einen Selbstwert, beziehungsweise einen höheren Selbstwert innerhalb der jeweiligen Gesellschaft ermöglicht („Gruppenstolz"). Dazu muss sich diese bestimmte Gruppe von anderen Gruppen unterscheiden, im Innen- wie im Außenbild, und sich insofern klar abgrenzen.

Ein Wir-Gefühl kann unter anderem in einer Familie, in einer Glaubensgemeinschaft, in einem Verein, in einer Organisation, in einer Laufgruppe oder Wandergruppe entstehen, was nur ein paar Beispiele sind. Der Nutzen für jeden Einzelnen liegt hierbei in erster Linie im Empfinden einer Gemeinsamkeit, also in der Vermeidung von Einsamkeit. Aber der Nutzen liegt auch in der Verfolgung gleicher Interessen und im Austausch über diese Interessen. Ein weiterer Nutzen kann ein gemeinsames Ziel sein und vor allem das Streben nach der Erreichung dieses Zieles sein.

Im Oktober 2016 war ich mit einer Gruppenreise auf Teneriffa unterwegs. Auf dieser Reise habe ich zwei wunderbare Frauen kennengelernt. Sie waren aus Berlin und Biel in der Schweiz. Wir verstanden uns prima und wir bildeten ein „Trio". Wir hatten einen großartigen Spaß, unternahmen natürlich vieles gemeinsam und wir teilten Erlebtes. Zum Beispiel nahmen wir an einem Salsa-Einführungskurs im Hotel teil und verbrachten einen wunderbaren Tag in der Hauptstadt Santa Cruz. Das hat sich sehr schön angefühlt, denn wir durften das „Wir-Gefühl" erfahren.

Über Silvester 2016/2017 kam die Berlinerin zu mir zu Besuch, obwohl wir uns lediglich von der Reise kannten. Damit hat sie mir viel Vertrauen entgegengebracht, denn schließlich wusste sie ja nicht, was sie bei mir erwartet. Wir hatten wirklich eine schöne Zeit, in der wir hauptsächlich die Heidelberger Umgebung erkundeten und tiefgreifende Gespräche führten.

Zurück zum Thema „erfülltes Leben". In meinem bisherigen Leben hatte ich die Möglichkeit meine Hobbies umzusetzen. Dazu gehörte viel Sport und Reisen. Ich konnte die Welt umreisen, wunderbare Länder und Kulturen kennenlernen und mir mehrmals einen luxuriösen Urlaub gönnen.

Bis zu meinem 40. Lebensjahr sprühte ich vor Gesundheit. Auch hier hat mir das Universum/Gott ein phantastisches Leben und sehr gute Gene geschenkt. Bis auf einen Zeckenbiss und Migräneattacken (welche höchstwahrscheinlich auch aus dem Stress und meines Erachtens hormonell bedingt entstanden) konnte ich mich immer bester Vitalität und Gesundheit erfreuen. Ich war bisher noch nie im Krankenhaus, außer für einen Gipsverband für einen gebrochenen Arm. Selbst meine Geburt war eine Hausgeburt. Was für ein Glück und danke an dieser Stelle an meine Eltern für die Gene.

Was ist Glück?

Für viele ist Glück Gesundheit, Natur, Zeit für sich selbst, für die Familie und Freunde, Sport und Bewegung.

Heute im Radio sagte ein Zuhörer „Glück muss jeden Tag neu entdeckt und erlebt werden". Das hat mir sehr gut gefallen, denn Glück ist ein Momentereignis, das wir nicht festhalten können. Wir können jedoch einiges tun, um ein Glücksgefühl öfter in unserem Alltag zu erleben. Beispielweise können wir unseren Blick bewusst darauf lenken, was uns täglich Positives widerfährt.

Wikipedia definiert Glück wie folgt: Als Erfüllung menschlichen Wünschens und Strebens ist Glück ein sehr vielschichtiger Begriff, der Empfindungen vom momentanen bis zu anhaltenden, vom friedvollen bis zu einem ekstatischen Glücksgefühl einschließt, der uns aber auch in Bezug auf ein äußeres Geschehen begegnen kann, zum Beispiel in der Bedeutung eines glücklichen Zufalls oder einer das Lebensglück begünstigenden Schicksalswendung. In den erstgenannten Bedeutungen bezeichnet der Begriff Glück einen innerlich empfundenen Zustand, in den letzteren hingegen ein äußeres günstiges Ereignis. Glück darf nicht mit Glückseligkeit verwechselt werden, die meist in Zusammenhang mit einem Zustand der Erlösung erklärt und verstanden wird.

Mehr zum Thema Glück: Glück ist (k)eine Glückssache. Die Psychologie des Glücks von Dr. Rolf Merkle (Psychotherapeut) - www.psychotipps.com/Glueck.html.

Wenn wir den Blick bewusst auf das Positive lenken, können wir unsere Gedanken formen. Denn worauf wir uns gedanklich konzentrieren, das erleben wir (selbsterfüllende Prophezeiung). Menschen, welche sich auf Negatives oder Unerfreuliches konzentrieren, erleben auch Negatives und Unerfreuliches. Menschen, die sich auf Erfreuliches konzentrieren und sich für Glückspilze halten, erleben dies auch.

Laut meiner Freundinnen habe ich eine positive Ausstrahlung, bin unkompliziert, mache auch Blödsinn mit, habe Humor und zeige Empathie. Also hatte ich doch bisher ein märchenhaftes und tolles Leben.

Anscheinend sind das die 50plus-Warnsignale oder die Zeit für Menschen über 50, sich über den Sinn des Lebens Gedanken zu machen (auch Midlife-Crisis genannt). Die Ehe ist geschieden, ein Neuanfang schwierig oder man hat schon diverse Partnerschaften in den Sand gesetzt. Die Kinder sind erwachsen geworden und aus dem Haus und/oder das Haustier ist gestorben. Man macht ähnliche oder sogar die gleichen Fehler und zieht ähnliche Partner an. Warum sind wir diesbezüglich nicht lernfähig? Wir müssen uns frei machen von unseren Glaubenssätzen und Denkmustern.

Glaubenssätze sind Gedanken, die tief in deinem Geist verankert sind und somit für dich wahr sind. Sie werden wieder und wieder gedacht. Oftmals sind dir deine Glaubenssätze gar nicht bewusst, da sie dir unbewusst durch Erziehung und Erfahrungen eingeprägt wurden. Glaubenssätze sind dafür verantwortlich, wie wir unser Umfeld bewerten und auf Ereignisse reagieren. Gemäß deiner Glaubensätze nimmst du die Wirklichkeit wahr - diese Wahrnehmung kann in den Augen anderer befremdend oder nicht sinnvoll sein.

Die physische Realität wird durch die Wahrnehmung erschaffen. Die Wahrnehmung ist der Projektor, welcher alle Dinge und Ereignisse buchstäblich generiert. Allerdings durchläuft die Wahrnehmung Filter, nämlich die Glaubenssätze. Die Glaubenssätze bestimmen, was wahrgenommen - für wahr genommen - wird. Deshalb ist die Rolle der Glaubenssätze in der

Erschaffung der Realität immens. Diese Rolle zu erkennen ist oberstes Gebot, wenn man über die eigene Realität bestimmen will.

Es gibt mehrere Möglichkeiten herauszufinden welche Glaubenssätzen du derzeit hast:

- Achte auf deine wiederkehrenden Gedanken, was bereits einen Grad an Bewusstsein erfordert.
- Achte auf Formulierungen, die du häufig von dir gibst. Wenn dir das schwerfällt, kannst du deine Freunde fragen, welche Formulierungen das sind.
- Achte auf deine Gefühle. Wenn man etwas Wiederkehrendes fühlt, ist ein Glaubenssatz besonders aktiv.

Diese Gefühle können die gesamte Emotionsskala (von Angst bis Freude) umfassen. Gefühle werden durch Gedanken verursacht. Wenn du also ein wiederkehrendes Gefühl hast, muss dem Gefühl ein wiederkehrender Gedanke (also ein Glaubenssatz) zu Grunde liegen. Glaubenssätze kommen oft dann zu Tage, wenn wir schnell auf etwas Unerwartetes reagieren müssen oder nicht in unserer Kraft sind.

Beispiele für solche Glaubenssätze sind:

- Wenn dir etwas misslungen ist: "Das kann ja nur mir passieren" oder "Das Leben ist hart".
- "Ich kann nie gut einschlafen" wenn du dich wieder lange im Bett herumwälzt.
- „Ich stehe mal wieder in der Schlange an der Kasse, wo es nie vorwärts geht".
- "Ohne Fleiß kein Preis".
- „Du musst es allen recht machen".

Die Gedanken, die ein Mensch denkt, basieren auf seinen Glaubenssätzen. Wenn jemand felsenfest von etwas überzeugt ist, kann er seine Gedanken nicht wirklich ändern.

Deshalb ist Selbsterkenntnis notwendig, also das Erkennen dessen, was man wirklich glaubt. Erst wenn man weiß, welche Glaubenssätze aktiv sind, wird es auch möglich, die Gedanken zu ändern, das heißt die Gedanken auf das Gewünschte zu fokussieren. Erst wenn man das Gewünschte fühlt, ist der passende Glaubenssatz aktiv. Die Gefühle sind dann die Kommunikation vom Selbst an sich selbst, welche die Bewegung des Bewusstseins anzeigen.

Wenn man Glaubenssätze gefunden hat, die der gewünschten Realität entgegenwirken, dann muss man sie "auflösen". Dazu reicht es nicht, einfach zu entscheiden, dass ich daran nicht mehr glaube - es ist ein Prozess von kognitiver und emotionaler tiefer Einsicht nötig, wo die falsche Realität des Glaubenssatzes enthüllt wird.

(Quelle: www.secret-wiki.de/wiki/Glaubenssätze)

Wahrscheinlich sind wir auch nicht lernfähig, weil wir nicht auf unsere innere Stimme hören und weil wir zu weit weg sind von unseren Bedürfnissen. Damit sind wir auch zu weit weg von unserem erfüllten Leben.

Aber was ist ein erfülltes Leben?

Ein erfülltes Leben sieht für die meisten wahrscheinlich folgendermaßen aus:

- Man liebt und wird geliebt,
- Man kann arbeiten mit Spaß und Freude (setzt natürlich voraus, dass man Arbeit hat),
- Man hat Kraftplätze oder Entspannungsmöglichkeiten,

- Man (er)lebt eine „fearless journey",
  also eine angstfreie Reise.

Nun komme ich zum ersten Punkt, wie man zu einem erfüllten Leben kommt - man liebt und wird geliebt. Dazu gehört die Liebe zu sich selbst, zum Leben, zur Natur, zu Anderen und zum Kosmos. Von wem wird man geliebt? Man wird vom Lebens- und Ehepartner oder wie man auch sagt, vom Lebensabschnittspartner, von der Familie, von Freunden oder von seinem Haustier geliebt.

„Ein Tropfen Liebe ist mehr als ein Ozean Verstand". (Blaise Pascal)

Die bedingungslose Liebe, nach der wir uns alle sehnen, finden wir in unserem eigenen Herzen. Du hast sicherlich auch schon von dem Buch „Liebe dich selbst und es ist egal, wen du heiratest" von Eva-Maria und Wolfram Zurhorst gehört.

Wie liebt man sich selbst?

Zuerst sollte erörtert werden, wo wir unfreundlich zu uns selbst sind und was unsere „negativen Geschichten" sind. Sind diese erörtert, dann sollten wir voller Mitgefühl ebendiese annehmen. Selbstliebe bedeutet zum Beispiel, einen Schmerz anzuschauen und mit Freundlichkeit und Verständnis darauf zu reagieren.

„Glücklich der Mensch, der seinen Nächsten trägt in seiner ganzen Gebrechlichkeit, wie er sich wünscht, von jenem getragen zu werden in seiner eigenen Schwäche." (Franz von Assisi)

Hier möchte ich gerne auf den YouTube-Beitrag von Robert Betz verweisen – Mich selber lieben lernen.

Selbstfürsorge bedeutet, auf unsere Grenzen zu achten, darüber nachzudenken, was wir an Idealen und Rollen verinnerlicht haben (zum Beispiel eine gute Tochter, eine belastbare Karrierefrau zu sein). Daher ist es wichtig, mit seinen eigenen Gefühlen verbunden zu sein und für sein eigenes Wohlergehen zu sorgen, also wahre Bedürfnisse erkennen und für Bedürfnisse offen sein.

Selbstfürsorge bedeutet auch, aus der Arbeit eine Berufung zu machen oder eine freudvolle und zufriedenstellende Arbeit oder Aufgabe zu finden.

Wie findet man die Arbeit oder Aufgabe, an der man Spaß und Freude hat?

Ich denke, das ist eine „wesentliche Frage" (w-Frage), welche von jedem beantwortet werden sollte. John Strelecky spricht hier von der Frage „Warum bist du hier?" in seinem Buch „Das Café am Rande der Welt". Also warum bin ich hier auf der Welt? Wir alle bestimmen unser Schicksal selbst und auch unser Leben hat einen bestimmten Sinn. Was willst du der Menschheit überlassen? Wozu fühlst du dich berufen? Wird diese Frage beantwortet, kennt man seinen Zweck der Existenz, dann kann man daraus eine Menge Energie schöpfen und zumindest leben die Menschen, welche Ihre Antwort gefunden haben, ein glückliches und zufriedenes Leben.

„Das schönste Denkmal, das ein Mensch besitzen kann, steht in den Herzen seiner Mitmenschen." *(Albert Schweitzer)*

Um die Antwort auf die w-Frage „Was willst du der Menschheit überlassen?" zu finden, ist es notwendig, Kraftplätze oder Entspannungsmöglichkeiten zu haben. Kennst du deine Kraftplätze und Entspannungsmöglichkeiten? Ein Kraftplatz kann ein bestimmter Ort (zum Beispiel eine Kirche) oder ein Ort in der Natur sein. Mögliche Entspannungsmethoden habe ich bereits im vorherigen Kapitel beschrieben.

Die Natur kann als Coach dienen. Das Verhalten der Tiere - Essen und Trinken, Ruhephasen, Leben in der Gemeinschaft, Rudelführer – kannst du auf dein Leben spiegeln. Ebenfalls kann das Verhalten der Tiere auf Daseinsgedanken gespiegelt werden, wie zum Beispiel Faulenzen, Kinder versorgen und stützen. Die Natur kann als „Wohlfühltanke" dienen und man kann Kontakt mit der „Weltenseele" aufnehmen. Wenn ich im Gras stehe, kann ich spüren, wie ich auf meinen Füßen und in der Welt stehe. Und ich kann in den Geräuschen der Natur die Stille hören, die Freiheit fühlen und leben sowie die Leichtigkeit der Vögel aufnehmen.

Als ich wieder an meinem Kraftplatz im Wald in der Nähe meines Miethauses ging, hatte ich schon Bedenken, dass mein Baumstumpf (ein halbmondiger Stumpf, ein „ohne-Lehne-Stuhl") nicht mehr da war. Aber die Bedenken waren unnötig, denn alles war so, wie ich es verlassen hatte. Mir viel auf, dass eine kleine Waldkelchpflanze (mit lila-gefärbten Kelchen) direkt vor meinem Baumstupf war. Ich setzte mich und versuchte mich „fallen zu lassen" und meine Gedanken zu sammeln.

In der Achtsamkeitsmeditation lernt man gewöhnlich, dass man am besten in eine Meditation kommt, wenn man dem Atem folgt (also erspürt, wo der Atem fließt). Aber diese Methode ist meines Erachtens völliger Quatsch, denn wenn ich meinem Atem folge, konzentrieren sich meine Gedanken doch schon wieder auf etwas. Das ist mir in diesem Moment durch den Kopf gegangen.

Also habe ich versucht wirklich richtig zu entspannen. Dann konnte ich aber meinen Kopf nicht entspannen, denn ich musste ja mit meiner Muskulatur darauf achten, dass er „nicht runterfällt". Daher entschloss ich mich, den Kopf in meine Hände zu legen und dann zu entspannen. Nach einiger Zeit kam ein joggendes Pärchen vorbei, der Mann einige Meter voraus und die Frau hinterherjagend. Dann dachte ich, da gehen sie zusammen joggen, und laufen dann im Endeffekt doch alleine (wie paradox ist das denn?). Dabei dachte ich an meine Beziehung und mir fiel spontan in diesem Moment auf, dass ich zwar einen Partner habe, aber mich doch alleine fühle. An diesem Tag hatte ich aber keine weiteren Inspirationen.

Nun komme ich wieder zurück zu den Entspannungsmöglichkeiten: insbesondere in unserer heutigen IT-Welt mit Internet, SMS, Facebook, WhatsApp, etc. sind diese immer wichtiger. Dabei können wir uns Zeit zum Meditieren, Ort und Zeit ist dabei völlig egal, Zeit in der Natur oder Zeit, um unsere Lieblingsmusik zu hören, nehmen. Auch IT-Fasten hilft, um mehr Entspannung zu erfahren.

Nimm dir Zeit, DEINE Antwort auf die w-Frage (Warum bin ich hier?) zu finden. Dabei kannst du mit kleinen Dingen beginnen, welche dir Freude bereiten. Zum Beispiel sich mehr Zeit für ein gemütliches Frühstück oder eine ausgedehnte, entspannende Dusche zu nehmen. Wird die Antwort auf die w-Frage gefunden, dann haben diese Menschen herausgefunden, welche Dinge sie tun möchten, um dieser Bestimmung gerecht zu werden. Sie sind absolut zuversichtlich, dass sie in der Lage sind, diese Dinge zu tun und es treten (eigenartigerweise) Ereignisse bei der Umsetzung auf, die helfen, erfolgreich zu sein.

Was ist eine „fearless journey"? Wir haben heute Angst vor dem Versagen, vor Kriegen und Terror, vor Berufsunfähigkeit, vor allem. Wir (ver)sichern alles. Aber warum? Wir haben keine Kriege (zumindest nicht in Deutschland), wir sind für gewöhnlich erfolgreich im Beruf und die Wahrscheinlichkeit, bis zur Rente im Alter von 65 oder 67 Jahren berufsunfähig zu werden ist gering (die Wahrscheinlichkeit liegt im Durchschnitt bei 36%, allerdings mit einer steigenden Tendenz bei erhöhtem Stresslevel). Dabei könnte die Wahrscheinlichkeit mit Hilfe von Entspannungstechniken enorm reduziert werden.

Wir machen den Fehler, uns zu wichtig zu nehmen, und da schließe ich mich natürlich auch nicht aus. Aus einer übergeordneten Perspektive sind unsere Sorgen, Ängste, Erfolge und Verluste ziemlich nichtig. Wir müssen unserer Bedeutungslosigkeit bewusstwerden. Ist das der Fall, dann erkennen wir einen größeren Sinn.

„Das wirklich Wichtige kann man nur mit dem Herzen sehen, es ist für die Augen unsichtbar."
(Antoine de Saint Exupery)

Finde deinen Kompass, indem folgende Fragen analysiert werden:

- Was macht meine Persönlichkeit aus?
- Welche Lebensumstände passen zu mir?
- Was brauche ich, um dauerhaft glücklich und zufrieden zu sein?
- Wie sieht mein ideales Leben aus?

Hier noch ein paar Hilfestellungen, um die oben aufgeführten Fragen zu beantworten.

Was macht meine Persönlichkeit aus? Bist du unkompliziert, liebevoll, optimistisch oder anstrengend, leistungsorientiert, egoistisch, pessimistisch?

Welche Lebensumstände passen zu mir? Hier würde zum Beispiel die Familie, ein Single-Leben oder sogar ein Einsiedler-Leben als Lebensumstand in Betracht kommen. Was brauche ich, um dauerhaft glücklich und zufrieden zu sein? Hier antworten wahrscheinlich Männer zu 90% mit „Sex" und Frauen mit „Schuhe".

Was brauche ich, um dauerhalft glücklich und zufrieden zu sein? Ein Leben in der Gemeinschaft oder ein Ziel/Traum an dessen Umsetzung ich arbeiten kann. Das sind nur zwei Beispiele von vielen.

Wie sieht mein ideales Leben aus? Diese Frage kann sicherlich nur beantwortet werden, wenn du deiner inneren Stimme folgst. Zum Beispiel möchtest du auf einer einsamen Insel als Einsiedler leben oder in einer Patchwork Familie mit allen Herausforderungen die dazugehören. Oder möchtest du auf einer Finca in Spanien oder auf einem Bauernhof im Allgäu leben? Oder etwa eine Kombination von allem, also möchtest du beispielsweise mit der Patchwork Familie auf einem Bauernhof im Allgäu leben? Möchtest du 40 Stunden in der Woche arbeiten oder möchtest du Teilzeit arbeiten?

Kapitel 3 – „Lebe deine innere Stimme"

Man liebt – und da ist meine Erkenntnis. Nach (damals) 46 Lebensjahren, 9 Ehe-Jahren und einigen Männer-Partnerschaften habe ich mich nochmals verliebt – in eine Frau (das war im Jahr 2013). Das war ein Schock für mich. Jetzt wirst du vielleicht sagen, was ist das Problem? Aber mich hat das wie ein Tsunami überfahren.

War es Liebe oder was ist Liebe?

„Liebe hat nichts damit zu tun, was man bekommen möchte, sondern nur mit dem, was man selbst geben will." (Katherine Hepburn)

Oh, und ich wäre bereit gewesen viel zu geben, denn ich hatte tiefe Gefühle.

Das Ende des Films „Ich will Dich" mit Ina Weisse ist die Lebbarkeit des romantischen Liebesideals. Um was geht es in diesem Film? Es geht um ein TV-Liebesdrama und um zwei Hetero-Frauen, die sich näherkommen. Marie (Ina Weisse) hat zwei Kinder und ist mit Bernd (Ulrich Noethen) glücklich verheiratet. Ein spontaner Kuss von Ayla (Erika Marozsán), der schwangeren Braut von Dom (Marc Hosemann), ändert alles: Die Frauen können bald nicht mehr voneinander lassen. Ein kraftvoll-sinnlicher und auch kluger Film, der die starken Emotionen seiner Protagonisten (Hauptfiguren) ernst nimmt.

Richard David Precht spricht in seinem Buch „Liebe – ein unordentliches Gefühl" davon, dass Liebe uns bewegt wie nichts Anderes. Sie vermag unser Leben auf den Kopf zu stellen und jegliche Ordnung zu Fall zu bringen. Er bringt in seinem Buch Ordnung in dieses unordentlichste der Gefühle. Richard Precht untersucht, was Liebe mit der Biologie unserer Gene zu tun hat, und welche romantischen Sehnsüchte und Erwartungen uns an sie binden. Er lädt in seinem Buch ein, dieses verrückte Reich von Liebesideal und Wirklichkeit genauer zu vermessen und erklärt dabei heiter und augenzwinkernd, warum uns die Liebe so überaus wichtig ist und immer bleiben wird.

Was ist nun Liebe?

Die Liebe entsteht in einem Augenblick der Sensitivität und sie muss in jedem Augenblick neu entstehen. Besitzt der Mensch die Fähigkeit zur sensitiven Aufmerksamkeit (also Achtsamkeit/Achtung, Andacht, Anteilnahme, Wachheit ohne Wertung/Kritik, Aufgeschlossenheit), dann stellt sich Liebe ein. Liebe ist im Allgemeinen die Bezeichnung für die stärkste Zuneigung und Wertschätzung, die ein Mensch einem anderen entgegenzubringen in der Lage ist. *Der Erwiderung bedarf sie nicht.*

Nach engerem und verbreitetem Verständnis ist Liebe ein starkes Gefühl, mit der Haltung inniger und tiefer Verbundenheit zu einer Person, die den Zweck oder Nutzwert einer zwischenmenschlichen Beziehung übersteigt und sich in der Regel durch eine entgegenkommende tätige Zuwendung zum anderen ausdrückt.

„Freundschaft ist etwas wie Liebe mit Verstand."
(Sabine Sauer)

Hierbei wird zunächst nicht unterschieden, ob es sich um eine tiefe Zuneigung innerhalb eines Familienverbundes (Elternliebe, Geschwisterliebe) oder um eine Geistesverwandtschaft handelt (Freundesliebe, Partnerschaft) oder aber um ein körperliches Begehren gegenüber einem anderen Menschen (geschlechtliche Liebe). Dieses Begehren ist eng mit Sexualität verbunden, die jedoch nicht unbedingt ausgelebt werden muss (platonische Liebe).

Man kann das Gefühl der Liebe nicht wegzaubern. Es ist einfach da, es kommt einfach, es denkt nicht zweimal, es spricht vom Herzen und man kann nur versuchen, damit zu leben und umzugehen, insbesondere wenn sie nicht erwidert wird. Das Lied von Celine Dion „Love doesn't ask why" beschreibt das sehr zutreffend.

Warum ich und jetzt?

Ulrike Folkerts hat es zumindest schon in den 80er Jahren erkannt und ist nur 4 Jahre älter als ich. Wann ist klar, ob wir Männer oder Frauen lieben? Mit Ende der Pubertät steht gewöhnlich unsere sexuelle Orientierung fest (also die heterosexuelle, homosexuelle, bisexuelle oder die pansexuelle Orientierung).

Die Angaben über Häufigkeiten der sexuellen Orientierung schwanken je nach Lebensalter, Zeitpunkt der Befragung und kulturellem Hintergrund. Man kann davon ausgehen, dass etwa 90% der Erwachsenen in westlichen Kulturen heterosexuell sind. Knapp 8% der deutschen Männer sind zu etwa gleichen Teilen homosexuell bzw. bisexuell. 1,6% der deutschen Frauen sind homosexuell und 4,6% bisexuell orientiert (Asendorpf, 1999). Die Anzahl derjenigen, die im Verlauf ihres Lebens homo- oder bisexuelle Erfahrungen machen, scheint jedoch größer zu sein. Es ist nämlich zu beobachten, dass sowohl die gesellschaftliche Toleranz gegenüber dem homo- oder bisexuellen Verhalten zunimmt, als auch die Bereitschaft wächst, mit der sexuellen Orientierung zu experimentieren und sexuelle Erfahrungen unterschiedlicher Art zu sammeln.

Mein ganzes Leben habe ich nicht an eine „Frauenliebe" oder Homosexualität, was mich betraf, geglaubt und keinerlei Erfahrungen gemacht. Ich hatte immer tolle Männer-Freundschaften/-Partnerschaften (und diese auch geliebt) und tolle Frauen-Freundschaften, aber NIEMALS habe ich daran geglaubt, dass ich tiefe Gefühle für eine Frau haben kann. Es kam ganz plötzlich – wie vom Blitz getroffen.

„Neues kommt unverhofft und von alleine."

Und wie kann es denn sein, dass man von Mann zu Frau wechselt? Es ist durchaus möglich, dass ein Mensch seine sexuelle Orientierung lange verdrängt. Weil sie nicht in seinen Lebensplan passt oder weil es zum Beispiel in der eigenen sexuellen Weltanschauung schwerfällt, sie zu akzeptieren – habe ich in der Bild gelesen.

Wie findet man heraus, auf welches Geschlecht man steht? Eine zuverlässige Antwort liefert das Kopfkino, also die Frage: Drehen sich meine persönlichen erotischen Fantasien vermehrt um Männer oder um Frauen?

Im Jahr 2010 beim Legen der Tarot-Karten hatte ich als zweite Karte (nach der Karte „Untergang") die Karte „Der Gehängte" gezogen. Das war vor meiner Erkenntnis, dass ich mich für eine Frau interessiere.

Der Gehängte ist kopfüber festgenagelt. Eine Position, in der jede Form des Eigenwillens ganz und gar gebrochen ist. Die Situation ist festgefahren; es gibt keinerlei Bewegungs- und Spielraum mehr. Ausflüchte, gleich welcher Art, sind unmöglich geworden. Die Schlangen der Transformation und Weisheit sind zusammengerollt und eingeschlafen. Der Gehängte ist festgenagelt an das Holz seiner erstarrten Einstellungen und Sichtweisen. Seine Augen sind geschlossen, das heißt, er ist blind für alles, was von dem geschlossenen System seiner eigenen Vorstellungen abweicht. Jeder andersartige Gedanke, jeder neue Impuls wird ignoriert oder abgewehrt. Der Kopf des Gehängten ist geschoren. Die Haare, die Antennen spiritueller Wahrnehmung symbolisieren, sind entfernt. Der Gehängte hat selbst das Vertrauen in die eigene Intuition verloren. Alle eigenen Bemühungen erscheinen als aussichtslos und zum Scheitern verurteilt.

Doch in dieser Ausweglosigkeit kann das Wunder geschehen! Es ist der Punkt erreicht, an dem man der Realität in ihrer nackten Wirklichkeit nicht länger ausweichen kann. Es bleibt nichts Anderes übrig, als sich zu stellen – und loszulassen. Diese Art des Kapitulierens, des Aufgebens des starren Eigenwillens und der festgefahrenen Ideologien trägt eine tiefgreifende Wandlung in sich: Das Durchbrechen rigider (starrer) Verhaltensmuster, die Entrümpelung von altem Unrat; vollständige Hingabe an sein höheres Selbst, befreit von Engstirnigkeit und Rechthaberei. Ein freiwilliges Unterordnen gegenüber den kosmischen Gesetzmäßigkeiten ermöglicht das „Eins werden" mit dem Strom des Tao (der rechte Weg). „Nicht mein Wille, sondern dein Wille geschehe; denn dein Wille ist auch der meine". Die große Belohnung für die tiefe Hingabe an das Ganze: eine Wende um 180 Grad; das Untere wird nach oben gerichtet und kann die Welt aus neuer Perspektive betrachten!

(Quelle: Tarot – Spiegel der Seele von Gerd Ziegler; Aleister Crowley Tarot-Set)

Um zu erfahren, was mich erwartet, wenn ich mich hingebe, durfte ich noch eine Karte ziehen. Diese war die Karte „Glück" – wie wunderbar. Das große Glück, das uns der gegenwärtige Augenblick verheißt. Das Leben hält unerwartete Geschenke und Möglichkeiten bereit. Wir brauchen jetzt wachsame Augen, damit wir sie auch wahrnehmen. Alte Begrenzungen werden in Frage gestellt und gesprengt, um der Erweiterung des Neuen den Raum zu öffnen.

Das ist doch schon mal eine positive Karte. Jedoch wie stelle ich das mit dem „Loslassen des starren Eigenwillens" an (Wille zum selbständigen Denken und Handeln)? Das geht nur über Loslassen. Wie lasse ich los? Ich gebe alle Macht an das Universum oder an Gott ab. Besser gesagt als getan. Aber ich werde auf jeden Fall daran arbeiten.

Die letzte Karte, welche ich 2010 beim Tarot legen gezogen hatte, war die Karte „Zwei Scheiben – Wechsel". Eine große Schlange, Symbol der Erneuerung, ist in Form einer Acht, dem Unendlichkeitszeichen, dargestellt. Dies deutet auf fortwährende Veränderungen hin. Die Schlange umschließt zwei Scheiben, die chinesischen Yin-Yang-Zeichen, Symbole des Ausgleichs und der Harmonie. Beide drehen sich in entgegengesetzter Richtung, was auf Veränderungen im Innern und im Äußeren hinweist. Das bedeutete: dein Leben ist einem fortwährenden Wandel unterworfen, der dich wachsen lässt, der dich erweitert, der dich bereichert. Gib dich den Veränderungen vertrauensvoll hin!

Es war meine Ärztin – ich nenne sie A.

Ich hatte ein paar Wochen lang regelmäßige Termine bei A., immer morgens um 8 Uhr für mindestens 1 Stunde. Sie war sehr korrekt, zurückhaltend und manchmal etwas nachdenklich und ja auch ein wenig traurig. Ich habe mit A. eine Unterhaltung gesucht. Wir haben uns über Sport (hauptsächlich über die Vorbereitung zum Heidelberger Halbmarathon) und dies und das unterhalten – es waren immer sehr angenehme und aufmerksame Gespräche. Und genau hier war die sensitive Aufmerksamkeit (also die Achtsamkeit, Andacht, Anteilnahme und Aufgeschlossenheit), wobei sich Liebe einstellen kann.

Am Ende meiner Arzt-Termine hatte ich eine sehr lange ärztliche Befragung mit A. Sie hat mein Leben hinterfragt, um den Grund, die Ursache meines „Unwohlseins" zu analysieren (hatte über Jahre hinweg sehr starke Migräneattacken, zusätzlich wurde ich von einer Borreliose-verseuchten Zecke gebissen und es war nicht ganz klar, ob das schon „ausgeheilt" war).

Dann dachte ich, nachdem sie mir jetzt so viele und sehr tiefgreifende und persönliche Fragen gestellt hatte, „darf" ich sie jetzt ebenfalls etwas fragen. Und ich fragte (schon etwas aufgeregt), ob sie mit mir einmal zum Laufen gehen möchte. Und sie sagte JA. Sie ging mir einfach nicht aus dem Kopf. Ich musste ständig an sie denken (außer ich war durch meine Arbeit abgelenkt – in diesem Fall Gott sei Dank). Ich habe überlegt, was sie jetzt wohl macht, ob sie in der

Praxis ist, etc. Damals arbeitete ich in einem Gebäude mit Sicht auf ihren Heimweg. Ab und zu habe ich mich dann abends ans Fenster gestellt, um zu schauen, ob ich sie auf der Heimfahrt sehe – ist das nicht durchgeknallt? Ich hätte eh nur ihr Auto gesehen. Oder ich habe geschaut, ob ich sie auf der Bundesstraße sehe, die wir gemeinsam jeden Morgen nahmen, jedoch in entgegengesetzter Richtung.

Nach einigen Lauftreffs (ab dem ersten Lauftreff habe ich A. erst geduzt, davor haben wir uns immer gesiezt) musste ich es ihr sagen – ich habe A. daher eine E-Mail geschrieben und ihr meine Gefühle „gebeichtet". Ich hatte keine Erwartungen an sie. Sie reagierte sachlich, aber klar. Sie war verheiratet und hatte eine Tochter und sie war an einer „Frauenliebe" nicht interessiert. Und wahrscheinlich wäre ich „überrascht" gewesen, wenn sie geantwortet hätte, dass sie auch Gefühle für mich hätte.

Aber sich nochmals zu verlieben ist doch ein wunderbares Geschenk des Universums. Ob es nun erwidert wird oder nicht.

Ich dachte auch, das vergeht wieder. Es sind wohl die Hormone, die verrückt spielen, denn ich war ja bereits schon in der sogenannten Prämenopause.

Aber es verging nicht und ich konnte das alles nicht für mich behalten und musste mit zwei meiner Freundinnen darüber sprechen. Natürlich habe ich zwei Freundinnen ausgesucht, von denen ich das größte Verständnis erwartete. Sie haben sehr aufmerksam zugehört und mich beruhigt. Ich denke, sie sind davon ausgegangen, dass sich dieser „Zustand" wieder legt (ich hatte auch von „die Hormone spielen verrückt" gesprochen). Wir haben uns immer mal wieder darüber unterhalten und ich habe es dann teilweise „schön geredet" – also alles ok, wir sind ja Freundinnen. Wir treffen uns regelmäßig, tauschen uns über alles Mögliche aus und haben Spaß.

Und ich habe natürlich versucht damit zu leben und damit umzugehen. Ich habe immer an A. gedacht und bin fast durchgedreht. Ich habe mir fest vorgenommen mich zu „sammeln". Ich habe zu Gott gebetet. Nach einigen weiteren Mails an A. hatte ich eingesehen, dass es keinen Sinn hat. Ich machte mich selbst fertig, belästigte sie mit meinen E-Mails und habe mich dann für die „Aufdringlichkeit" entschuldigt. Wir haben uns immer mal wieder getroffen zum Quatschen in Kneipen und Restaurants, zum Glühweintrinken auf dem Weihnachtsmarkt (auch auf dem Heidelberger Schloss - das war der schönste Moment in diesem Jahr für mich), zum Badminton spielen, zum Filme schauen auf den Heidelberger Filmfestspielen, etc. Ab und zu habe ich sie auch in der Praxis besucht (mit wildem Herzklopfen), ohne Voranmeldung, und gewöhnlich hat sie sich über meinen Besuch gefreut. Natürlich bin ich nicht einfach so darüber hinweggekommen - hatte mir überlegt, ob ich mir professionelle Hilfe nehme, jedoch habe ich A. vermittelt, dass alles gut und vorbei ist.

Sie hat übrigens wie ich die Lebensaufgabe 8. Aber laut Numerologie hätten wir nicht die Basis für ein erfülltes, gemeinsames Leben. Die Numerologie gehört seit alter Zeit zum spirituellen Wissen der Menschheit. Heute kann sie im täglichen Leben Ratgeber sein für die eigene seelische Entwicklung, berufliche Fragen und die Partnerschaft.

In der Numerologie geht man von der Annahme aus, dass ein Mensch nicht zufällig an einem bestimmten Tag geboren wird. Man geht davon aus dass genau dieses Geburtsdatum die Bedingungen erfüllt, die nötig sind, damit die Trägerin oder der Träger dieses Geburtsdatums die Aufgaben erfüllen und die Lektionen lernen kann, die für die Erfüllung der Mission dieses Lebens notwendig sind. Auch der Name eines Menschen ist aus numerologischer Sicht nicht zufällig. Er enthält die Essenz des Wesens eines Menschen. Alle Eigenschaften, die das Wesen eines Menschen ausmachen, sollen verschlüsselt in den Buchstaben seines Namens zu finden sein.

Aus der Deutung des Geburtsdatums und des Namens mit Hilfe vergleichsweise einfacher Rechenschritte lässt sich nun ein Charakterbild eines Menschen erstellen, das zum Beispiel Antwort geben kann auf folgende Fragen:

- Wer bin ich?
- Was bin ich?
- Wie sehen andere Menschen mich?
- Worin liegt der Sinn meines Lebens?
- Welche Talente und Schwächen habe ich?

Zur Frage „Wer bin ich?" kann der deutsche Philosoph und Publizist Richard David Precht in seinem im Jahr 2007 veröffentlichten Sachbuch „Wer bin ich – und wenn ja, wie viele?" ebenfalls mit Hilfe seiner philosophischen Reise eine Antwort geben.

Die Numerologie zeigt Tendenzen und Möglichkeiten auf, in welche Richtung der Weg führen könnte oder sollte. Niemals aber zwingt sie einem Menschen einen vorbestimmten Weg auf. Der freie Wille des Menschen bleibt stets unberührt. Ob ein Mensch den Hinweisen und Ratschlägen, die Numerologie ihm geben kann, folgt oder nicht, liegt ganz allein in seinem eigenen Ermessen. Aber durch die Beschäftigung mit der Numerologie kann er sich selbst besser kennenlernen und kann dadurch dann auch besser erkennen, welcher Weg für ihn persönlich der richtige Weg ist. So ist Numerologie letztendlich ein Mittel, sich selbst und auch andere besser kennen und schätzen zu lernen und so die Welt im Kleinen wie im Großen ein wenig schöner und liebenswerter zu machen.

(Quelle: www.numerologie.info/)

Die Lebensaufgabenzahl beschreibt, welchen Weg dein Leben nehmen muss, damit du glücklich sein kannst.

Die Lebensaufgabe 8 steht in der Numerologie für Schönheit, denn für gewöhnlich fühlt sich die 8 von den schönen Dingen des Lebens angezogen. Die 8 verfügt über hervorragende Führungseigenschaften, es ist eine Powerzahl und hofft durch ihre Arbeit die Welt zum Besseren verändern zu können. Für die 8 liegt eine völlige Umkehr immer im Bereich des Möglichen. Eines kann die 8 nicht überwinden: Untreue.

(Quelle: Glynis McCants – Kleines Handbuch der Numerologie; Was Ihre Zahlen über Sie und Ihr Schicksal verraten)

Parallel war ich in einer Beziehung mit einem Mann (noch verheiratet, getrennt lebend, mit zwei erwachsenen Töchtern). Ich hatte ihn circa ein halbes Jahr nach meiner „Offenbarung" im Tanzkurs kennengelernt. Er bezeichnete sich selbst „als gesandtes Kind Gottes", aber sind wir nicht alle ein Kind Gottes. Er war nicht ehrlich zu sich selbst und damit auch nicht zu anderen, unzuverlässig in Verabredungen und Vereinbarungen (Tierkreiszeichen Widder). Er wollte immer gerne „everybody's Darling" sein, was natürlich nicht funktionierte. Er verletzte seine „wichtigsten" Menschen immer wieder - meistens unbewusst, zumindest ist das das Ergebnis meiner nächtlichen Überlegungen. Aber auf der anderen Seite war er lustig, ein Unterhalter, aufmerksam und fürsorglich. Hierüber könnte ich ein separates Buch schreiben.

Wir hatten eine „On-Off-Beziehung" aus den oben bereits erwähnten Gründen, und aus Gründen, die ich sicherlich selbst herbeigeführt hatte. Ohne Einfluss von außen konnten wir immer eine super Zeit miteinander verbringen (also zum Beispiel im Urlaub oder in inniger Zweisamkeit). Er wusste natürlich nichts von A. – es war nur eine Freundin.

Die Beziehung war schwierig und wurde immer schwieriger. Was sich immer wieder in seinem wochenlangen Rückzug zeigte. Zum Teil ging natürlich ein Streit voraus und manchmal kam es einfach aus dem Nichts. Die Auszeit hatte mich immer wieder in ein absolut emotionales Chaos manövriert und meine Gedanken kreisen um Fragen „Was ist das Problem"?, „Was möchte er eigentlich?", „Warum möchte er bestimmte Dinge nicht oder nicht mehr (wie zum Beispiel zusammenziehen)?", „Warum erzählt er, aus meiner Sicht, unrichtige Dinge?". Ich habe trotzdem immer wieder den Kontakt aufgenommen. Ich handelte nach der Devise „die Klügere gibt nach" und natürlich waren da auch Gefühle, und einige seiner positiven Eigenschaften habe ich sehr geschätzt. Oder wir haben uns beim Laufen gesehen. Und so kam es, dass wir immer wieder zusammenkamen. Das haben wir zigmal durchgespielt. Allerdings ist bei mir bei jedem Rückzug Vertrauen verloren gegangen. Ich konnte mich nicht mehr richtig „fallen lassen", weil mir das „Auffangnetz" fehlte. Mein Partner war zu dieser Zeit mit dem Umbau seines stark renovierungsbedürftigen, aber neu gekauften Hauses beschäftigt und kam daher oft total erschöpft bei mir an. Ich wiederum konnte tiefe Gefühle nicht mehr zulassen, da ich keine weitere Verletzung und Enttäuschung ertragen hätte. Natürlich hat er es auch bemerkt, dass ich mich „zurückzog". Schon bald kam ich zu dem Entschluss, so kann es nicht weitergehen –

ich musste etwas ändern, mein Leben wieder ordnen und meine „innere Stimme leben".

Ich hatte mir fest vorgenommen mit meinem Partner zu reden. Dies gelang mir aber überhaupt nicht. Ständig kam etwas dazwischen, beziehungsweise wir hatten einfach keine Zeit. Und da ist das Thema mit der Zeit wieder – es kann doch nicht sein, dass wir keine Zeit haben, um die wirklich wichtigen Dinge mit unserem Partner, der Familie oder mit Freunden zu besprechen. Natürlich wollte ich auch mit meiner Familie reden, aber als „Reihenfolge" hatte ich mir vorgenommen, zuerst mit dem Partner und dann mit der Familie zu reden. Nach einiger Zeit entschied ich mich, es einfach für mich zu behalten und die Beziehung wie gehabt weiterzuführen. Diese Entscheidung habe ich auch getroffen, weil ich ihm nicht zugetraut hatte, dass er mit meiner Offenbarung „richtig" umgehen könnte. Aber da ist das Thema mit dem Respekt. Ich hätte ihm mehr Respekt entgegenbringen müssen.

Für mich habe ich beschlossen, die Situation und die Gefühle zu A. einfach anzunehmen. Ich habe mir eine Liebe, ohne zu besitzen (also auch eine platonische Liebe), vorgestellt. Geht ja auch. Man kann Dinge auch lieben, ohne sie zu besitzen (zum Beispiel einen Baum, eine Blume, etc.). Aber das sind ja auch nicht bewegliche Dinge und keine Menschen und Tiere.

Wichtig ist, seine Gefühle zu achten, danach zu handeln, für sie einzustehen und sie auszudrücken.

Ich denke meine Gefühle habe ich wahrgenommen, eingestanden und ich habe sie auch zum Teil ausgedrückt. Zum Teil nur, da ich nicht mit allen Beteiligten offen darüber sprach. Nach den Gefühlen zu handeln – damit hatte ich noch ein Problem. Heißt das jetzt, dass ich meine aktuelle Partnerschaft aufgeben soll und mir eine Partnerin suchen soll? Ich kann mir gar nicht vorstellen, eine Beziehung mit einer Frau zu führen. Zudem interessierten mich andere Frauen gar nicht, sondern nur die Eine. Mal abgesehen, dass ich nicht mal weiß, wo man Frauen für eine Beziehung kennenlernen könnte. Ich hatte verrückte, aber auch schöne Träume, in denen ich meine Gedanken und Gefühle verarbeitete.

„Traut den Träumen, denn in ihnen ist das Tor zur EWIGKEIT verborgen." (Khalil Gibran)

Verzweiflung, Verzweiflung, Verzweiflung.

Kennst du das, wenn du morgens aufwachst und die Gedanken spielen gleich wieder total verrückt. Ich habe mir bewusst das Mantra „alles wird wieder gut" in den Kopf einge-hämmert, jeden Morgen. Jeden Abend und jeden Morgen habe ich zu Gott gebetet, um zur Ruhe zu kommen und das Gedanken-Wirrwarr zu unterbinden. Und bei der Autofahrt in die Firma habe ich „Worship again" von Michael W. Smith (ein US-amerikanischer Sänger und Songwriter mit christlicher Ausrichtung) ange-hört – immer wieder und wieder. Das hat mir unwahrscheinlich geholfen – zumindest bin ich zur Ruhe gekommen. Das Verrückte war, dass ich wieder viel an A. gedacht und viele Gefühle für sie hatte.

Die Mutter von meinem damaligen Freund – ich nenne sie F. - ist lesbisch. Aus diesem und anderen Gründen hat mein Partner ein gespal-tenes Verhältnis zu seiner Mutter. Und das war auch der Grund, warum ich annahm, dass er mit meiner Offenbarung nicht „richtig" umge-hen könnte, denn es war ein Riesenschock für ihn in seiner Kindheit. Ich jedoch habe in mei-ner Verzweiflung den Kontakt zu ihr gesucht.

Ich hatte die „großartige" Idee, ihr eine E-Mail über meine Situation zu schreiben und hatte sie um Ideen gebeten und hoffte auf ihre Erfahrung. Ich schrieb ihr, dass ich ein besonderes Interesse zu einer ganz bestimmten Frau hatte, bevor ich ihren Sohn kennenlernte. Und ich hoffte natürlich auf Antworten. Natürlich konnte sie mir nicht wirklich weiterhelfen. Was habe ich erwartet von der Mutter meines Freundes? Welch dumme Idee.

In regelmäßigen Abständen traf ich mich immer mal wieder mit F. Vordergründig sollte ich ihr bei PC-Problemen helfen. Jedoch hatte ich das Gefühl, dass ein tieferer Grund bei ihr für die Treffen vorlag. Wir hatten immer interessante Gespräche und sie äußerte auch, dass sie mich aus verschiedenen Gründen treffen und sehen möchte. Sie mochte gerne meine Stimme am Telefon hören und sie äußerte sich, dass ich mehr als nur die Freundin ihres Sohnes für sie wäre. Und dass wir eine andere Verbindung hätten, als die Verbindung mit der Noch-Ehe-Frau von meinem Partner – yeah. Ich tauschte mich immer gerne mit ihr aus und ich mochte sie auch als Mutter meines Partners.

Heute hatte ich neue Erkenntnisse gewonnen – an einem Dienstag im November 2014. Ich war verabredet mit der Mutter meines Partners (wie bereits erwähnt ist sie lesbisch, was sie im Alter von 40 Jahren und in einer Ehe mit fünf Kindern erkannte). Wir gingen zum Griechen an der Bergbahn in Heidelberg. Und wir hatten ein sehr interessantes Gespräch. Natürlich war ich neugierig und ich hatte mir auch bewusst vorgenommen, einige Fragen zu ihrer sexuellen Orientierung zu stellen. Zum Beispiel, wie sie damals merkte, dass sie auf Frauen stand? Und wo man denn Frauen kennenlernen könnte? Und wie man erkennt, welche Frauen welche sexuelle Orientierung haben? Also einige interessante Fragen, die mir etwas „Licht ins Dunkle" bringen sollten. F. hat mir wirklich sehr weitergeholfen und beantwortete mir alle Fragen sehr offen und ehrlich. Die erste Frage beantwortet sie mit „man verliebt sich einfach in eine Frau". Ok, das kann ich schon mal bestätigen. Die zweite Frage beantwortete sie damit, dass es früher in einem Stadtteil von Heidelberg (also in Rohrbach) ein Frauen-Café gab. Dieses hat sie wohl mit anderen Frauen „betrieben", aber leider war es nicht haltbar und lukrativ. Zusätzlich kann man wohl in Mannheim Lokalitäten für Lesben und Schwule finden. Die dritte Frage war etwas schwieriger zu beantworten. Sie erklärte es mir so, dass sie eine Menge Frauen kennenlernte - natürlich ist das in einem Frauen-Café einfach - und dabei stellte sich nach einiger Zeit des Interesses (Aufmerksamkeit, Achtung, etc.) auch Liebe ein. Und es ist wie in anderen Beziehungen, dass man sich nicht so leicht verliebt – oder in die „falsche" Frau verliebt. Sie erzählte mir auch, wie schwierig es war, sich aus einer Familie ohne finanzielle Sicherheit herauszutrennen, und dass sie eine Art pubertäre Phase mit allen Nebenerscheinungen, wie zum Beispiel der Trotzphase durchlebte.

Zusätzlich ist F. eine Astrologin. Interessanterweise hatte sie mein Horoskop vorbereitet und wollte es mit mir durchsprechen, da sie einen interessanten Aspekt feststellte. Mein Lilith ist wohl extrem ausgeprägt (also die zweite Achse im Horoskop – der Meridian, dessen Spitze auf das Medium Coeli im Süden zeigt). In der Astrologie wird ein sensitiver Punkt nach Lilith bezeichnet. Soll seine Position bestimmt werden, geht man von der Umlaufbahn des Mondes aus. In dieser Ellipse werden die zwei entferntesten Punkte mit einer Achse miteinander verbunden. Auf dieser Achse liegt Lilith der Erde gegenüber, mit gleichem Abstand zum Mittelpunkt der Ellipse. Ein Umlauf dauert 8,9 Jahre. Bedeutet das jetzt, dass ich fast 9 Jahre benötige, um über meinen aktuellen „Zustand" hinweg zu kommen? Ich habe anscheinend keine andere Wahl, als meine Lilith zu leben.

Lilith (weiblicher Dämon – die Nächtliche) war eine Göttin der sumerischen, babylonischen Mythologie. Zunächst wohnte sie im Stamm des Weltenbaumes (Baum des Lebens), nachdem dieser jedoch auf Befehl Inannas hin gespalten wurde, floh Lilith in ein unbekanntes Gebiet. In der Folge wurde sie sowohl im alten Orient als auch in späteren Quellen häufig als weibliches geflügeltes Mischwesen dargestellt (Mischwesen oder auch Chimären sind fiktive Lebewesen, die sich aus Teilen von zwei oder mehreren Lebewesen zusammensetzen, zum Beispiel aus einem Löwen und einer Schlange).

Der Baum des Lebens (auch Lebensbaum oder Weltenbaum) ist ein in der Religionsgeschichte verbreitetes Symbol und Mythenmotiv, das mit mythologisch-religiösen Umdeutungen von Baumkulten (heilige Bäume) und Fruchtbarkeitssymbolik, sowie mit Schöpfungsmythos und Genealogie (Ahnenforschung) zusammenhängt. Der Lebensbaum gehört zur Mythologie vieler Völker und ist ein altes Symbol der kosmischen Ordnung. Er steht als Weltachse im Zentrum der Welt. Seine Wurzeln reichen tief in die Erde und seine Wipfel berühren oder tragen den Himmel. Somit verbindet er die drei Ebenen Himmel, Erde und Unterwelt.

Im Talmud (Schriftwerke des Judentums) gilt Lilith als blutsaugendes Nachtgespenst, als ein Weib des Teufels. Die kabbalistische Schrift Sohar zeichnet ihr Bild in den typischen erotischen Fantasien sex- und frauenfeindlicher Männer. Mitunter wird aber auch als göttliches Geschöpf genannt, wie in Griechenland, wo sie sich mit Hekate (Göttin der Magie, der Theurgie, der Nekromantie und des Gespensterspuks) verband. Oft wird sie von Kopf bis Nabel als wunderschöne Frau dargestellt, hüftabwärts aber als brennendes Feuer, was ein eindeutiger Verweis auf ihre starke erotische Leidenschaft sein dürfte. Das der Lilith zugeordnete Tier ist die Eule, die sowohl als Sinnbild der Weisheit, wie auch als Totenvogel gilt.

Psychologisch zeigt Lilith uns die Schattenseiten unserer Persönlichkeit, unser verdrängtes und unerfülltes Verlangen, unser Aufbegehren und Ablehnen. Durch die initiierten Ereignisse kann sie uns zur Selbsterkenntnis und Annahme der dunklen Aspekte führen, oder aber zum Scheitern bringen, wenn wir uns weigern, diese Lebenslehren anzunehmen.

(Quelle: Ernst Ott – Lilith – Aspekte im Horoskop, eine Quelle von Lust und Lebendigkeit)

Was bedeutet das nun für mich? Muss ich eine erotische Leidenschaft mit einer Frau ausleben?

Der Aszendent symbolisiert oft verdrängte Schattenseiten der Persönlichkeit. Das erste Haus, der Aszendent weist auf die äußere Erscheinungsform, aber auch auf unser Verhalten gegenüber unseren Mitmenschen hin. Es ist die Art wie wir uns anderen gegenüber geben, wie wir von anderen gesehen werden möchten. Im Aszendent bin ich Waage.

Der Waageaszendent bemüht sich um Beziehungen, Harmonie, Ausgleich, Kompromisse und Anpassung. Jetzt verstehe ich, warum ich immer wieder meine „schwierige" Beziehung fortgeführt habe. Der Waageaszendent gleicht Selbstsucht und Selbstbezogenheit aus, kann jedoch unecht werden, weil er den schönen Schein wahren will. Der Waageaszendent will alles harmonisch abwägen und das Leben wird zum großen Teil durch Streben nach Harmonie zwischen Mensch und Natur bestimmt. Eine gewisse Problematik kann sich in Entscheidungssituationen zeigen, weil das Wesen liebenswürdig und oft zu kompromissbereit ist.

Gut, mein unerfülltes Verlangen kenne ich nun – zumindest einen Teil davon. Mein Aufbegehren und meine Ablehnung richten sich gegen die Unterdrückung, gegen die Ungerechtigkeit, Untreue, Respektlosigkeit und Lüge. Dies steht im Einklang mit meinem Pentagramm-Typ 8 (steht für das Hauptlebensthema und entspricht der Lebensaufgabe 8 in der Numerologie). Denn der Typ 8 steht für Liebe, Treue, Gerechtigkeit, Wahrheit, Respekt, Freundschaft und für den Geist von Synthese und Integration, Nostalgie und Harmonie. Die Synthese steht für die Verbindung verschiedener Theorien mit These und Antithese zu einer neuen, höheren Einheit. Die Nostalgie ist eine Stimmung, in der man sich nach vergangenen Zeiten und den Produkten und Lebensweisen aus diesen Zeiten sehnt.

Die Aspekte aus dem Pentagramm (der Pentanalogie) des Typus 8 sind Liebesfähigkeit, Eigenliebe, Selbsttreue, Vertrauen, Ehrlichkeit, Harmoniestreben, Schönheit, Selbstbetrachtung, und viele mehr. Das Pentagramm stellt einen fünfzackigen Stern dar (der den Menschen symbolisiert, der mit gespreizten Beinen und ausgestreckten Armen aufrecht steht), auf dem wir zehn Positionen unterscheiden können. Jede dieser Positionen hat eine Bedeutung zu einem spezifischen Thema des Lebens. Die Positionen sind fundamental, denn wenn sie durch eine Zahl, eine Doppelzahl, keine Zahl oder eine Besuchszahl belegt sind, wird das Pentagramm ganz unterschiedlich sein. Somit ist jedes Pentagramm individuell, denn je nach Typ und der Zahlen des Geburtsdatums, ist jede Konstellation einmalig.

Einführung in die Pentanalogie:

Alles was uns umgibt, besteht aus Zahlen. Die Zahlen sind der Spiegel von "der Wirklichkeit der Seele". Die Geschichte der Zahl ist zutiefst mit der Erschaffungsgeschichte und unserer Entwicklung verbunden. Die Wirklichkeit des Menschen spiegelt sich in den Zahlen seines Geburtsdatums, seines Namens und seines

Vornamens wider. Es ist sein Schicksals-Code. Kalender, Zahlen und Alphabet haben einen gemeinsamen Ursprung. Dank des Kalenders können wir die kosmischen Gesetze wie auch die Erdgesetze, die natürlichen Zyklen, die Jahreszeiten, die Lebensdauer und die Jahre, messen. Der Zyklus beginnt mit einem Geburtsdatum und endet mit einem Todesdatum. Aber was ereignet sich vor- und nachher?

Das Pentagramm symbolisiert die Reinkarnation des Menschen. Er spiegelt seine authentische Wahrheit, sei sie physisch, psychologisch oder geistig, wider. Der Pentanaloge kann eine schnelle und präzise Diagnose über zahlreiche Aspekte einer Person machen. Tatsächlich erlaubt das Pentagramm, das Potential eines Wesens aufzudecken. Es lässt auch die unumgänglichen Prüfungen vorhersehen, die sich auf einem Lebensweg ereignen, sowie die Blockaden, die sich daraus ergeben werden. Der Code von Geist und Verstand befindet sich im Pentagramm. Der Pentanaloge hat die Schlüssel, um dahin zu gelangen. Durch sein Verständnis und seine Diagnose kann er den Alchimisten im Inneren eines Wesens wecken, und so seine Befreiung einleiten.

(Quellen:

- *Pentanalogie –*
  www.pentanalogy.com/introduction_a_la_p
  entanalogie.php
- *Pentagramm des Lebens – Das Leben*
  verstehen – das Schicksal neu bestimmen
  von Franziska Krattinger)

„Es gibt nur eine Möglichkeit zu lernen", entgegne-
te der Alchimist. … „Und das ist durch Handeln.
…" „Warum nennt man Euch Alchimist?" „Weil
ich einer bin." „Und was stimmte bei den anderen
Alchimisten nicht, die Metall in Gold verwandeln
wollten und es nicht schafften?" „Sie suchten nur
nach Gold", antwortete der Gefährte. (Paulo Coehlo
– Der Alchimist)

Aber was tun mit diesem unerfüllten Verlangen, meinem Aufbegehren und der Ablehnung?

Dazu gibt es wohl nur zwei Möglichkeiten.
Entweder dieses Verlangen und das Aufbegehren ignorieren und so weiterleben wie bisher,
was höchstwahrscheinlich nicht zu einem erfüllten und zufriedenen Leben führt, oder an
diesen Themen arbeiten und diese verändern.
Der erste Schritt für eine mögliche Verände-

rung ist die Wahrnehmung. Wenn ich mein Verlangen, mein Aufbegehren kenne, ist das eine wunderbare Basis, daran zu arbeiten. Jedoch sollte ich dieses Verlangen nicht nur kennen, sondern nochmals abwägen, ob es auch wirklich ein „wahres" Verlangen ist. Der beste Weg dazu ist, das unerfüllte Verlangen als gegeben im Kopf durchzuspielen. In meinem Fall stelle ich mir ein Leben mit A. vor. Dies führt bei mir zu einer sehr tiefen inneren Zufriedenheit und Freude. Aber im Kopfspiel geht man auch von einer Idealvorstellung aus. Und in der Realität sieht es sicherlich ganz anders aus. Denn wir unterscheiden uns in einigen Dingen. Sie liebt zum Beispiel einen Zelturlaub mit Minimalgepäck und das ist zum Beispiel nicht gerade meine Vorstellung von einem Urlaub (das habe ich das letzte Mal im Alter von etwas über 20 Jahren gemacht). Im gleichen Kopfspiel überlege ich jedoch auch, wie würde sich A. mit mir fühlen. Natürlich wünsche ich mir, dass sie sich ebenfalls glücklich und zufrieden fühlt. Das würde natürlich voraussetzen, dass sie ebenfalls eine Beziehung mit mir möchte, was zumindest momentan nicht der Fall ist – tja, die Hoffnung stirbt zuletzt.

Ich muss loslassen, mich von falschen Vorstellungen und Idealen lösen.

Der Schwarzmond kann helfen beim Loslassen. Der Schwarzmond ist der Zeitpunkt an dem kein Mond am Himmel zu sehen ist, genauer gesagt der Scheitelpunkt, an dem der Mond vom Abnehmen zum Zunehmen wechselt. Verwirrenderweise wird diese Mondphase meist als "Neumond" bezeichnet, was aber nicht ganz korrekt ist. In der Zeit, wo der Mond sich wandelt, geschieht dies auch mit seinen Energien - sie verändern sich. Direkt an dem Punkt des Umkehrens scheint die Zeit für kurze Zeit still zu stehen, denn zum Umkehren muss man zuerst anhalten. Hinzu kommt, dass während der Zeit des Schwarzmondes das Tor zum Unterbewusstsein sehr weit offensteht. Es ist die Zeit der Ängste, der Unsicherheit, aber auch der Zeitpunkt, in der Visionen und Träume besonders intensiv wahrgenommen werden können. Daher eignet er sich besonders gut, um sich mit der eigenen dunklen Seite zu beschäftigen. Außerdem erleichtert er das Loslassen, so dass ein Schwarzmondritual eine gute Möglichkeit ist, sich rituell von etwas zu verabschieden und zu trennen.

Bei einem Feng-Shui Informationsabend durften wir eine Karte von „Weisheiten für ein erfülltes Leben" ziehen. Folgende Karte hatte ich gezogen:

„Sorge dich nicht über Dinge, die du nicht ändern kannst. Ändere deine eigene Betrachtungsweise der Wahrheit." (Sri Chinmoy)

Mit diesem philosophischen Ansatz war ich zuerst einmal überfordert. Der erste Satz ist natürlich verständlich, jedoch bedarf der zweite Satz einer näheren Betrachtung. Jetzt hatte ich studiert, aber mit dieser Weisheit musste ich mich erst mal auseinandersetzen. Also, was ich nicht ändern kann, ist folgendes (und über diese Dinge soll ich mich nicht sorgen):

- Ich habe Gefühle für A.
- A. liebt mich nicht, sie mag mich, aber mehr nicht.
- Mein Partner möchte seine Freiheit (aus)leben.
- Ich kann keine Beziehung ohne Vertrauen und Respekt führen.

Was bedeutet denn „ändere deine eigene Betrachtungsweise der Wahrheit". Was ist die Wahrheit? Heißt das, dass die oben aufgeführten Punkte die Wahrheit verkörpern und ich diese neu betrachten sollte. Oder geht es hier um eine „andere" Wahrheit? Und falls ja, um welche Wahrheit? Sieht die Wahrheit ganz anders aus?

Eventuell muss ich akzeptieren, dass meine Einstellungen nicht der Wahrheit oder der Realität entsprechen, und dass ich dazu in der Lage bin, Dinge für wahr und richtig zu halten, die komplett an der Wirklichkeit vorbeigehen. Vielleicht liebt mich A. auch und mein Partner möchte gar nicht seine Freiheit ausleben oder was heißt das jetzt? Nach dieser Karte war ich komplett verwirrt.

Der Geist oder die Seele ist der Schlüssel zur höchsten Wahrheit. Die Wahrheit gegenüber sich selbst. Wie sehe ich mich selbst?

Was sind meine/deine Denkmuster oder Glaubensätze?

Wie wir denken und was wir für wahr halten, beeinflusst unser Verhalten und unser Leben. Und nur allzu oft bremsen uns solche Denkmuster aus oder schaden uns. Kann es zum

Beispiel sein, dass ich glaube, nicht liebenswert zu sein oder nicht geliebt zu werden?

Es gibt fünf Schritte, um Denkmuster zu ändern:

Schritt 1: Stelle dich immer wieder selbst in Frage; hinterfrage dich und zweifle dich und deine Denkmuster an.

Schritt 2: Versuche, deine Denkmuster und Glaubenssätze zu verstehen (damit du daran arbeiten kannst, um sie zu ändern).

Schritt 3: Zweifle die Berechtigung dieser Glaubenssätze und ihre Ursachen an.

Schritt 4: Suche nach neuen Denkmustern und ersetze alte Denkmuster durch neue.

Schritt 5: Übe die neuen Denkmuster ein.

Meine Denkmuster nach einigen Überlegungen:

- Ich habe Angst nicht gemocht oder nicht geliebt zu werden.
- Ich bin es nicht (mehr) wert, geliebt zu werden.

Eines weiß ich mit absoluter Sicherheit – es gab Männer in meinem Leben, die mich wirklich über alles geliebt haben (bei dem einen oder anderen konnte ich diese Liebe (leider) nicht erwidern). Und meine Familie liebt mich bedingungslos.

Durch meine Erfahrungen mit meinem Ex-Mann fühle ich mich nicht mehr wert, geliebt zu werden. Ziehe ich daher jetzt Menschen an, welche mir diese Liebe nicht geben können (mein Partner und A.)? Woher kommt die Angst, nicht geliebt zu werden? Kommt das, weil ich ein Scheidungskind bin?

Unter www.scheidungskinder.com habe ich folgenden Absatz gefunden:

Viele Scheidungskinder haben Probleme, ihre eigene Sexualität voll zu akzeptieren. Dies ist meist das Resultat von einer fehlenden Mutter bzw. einem fehlenden Vater. Mädchen und Jungen brauchen eine Mutter UND einen Vater in ihrer Kindheit, um ein gesundes Selbstbewusstsein zu entwickeln. Ohne Väter neigen Jungen dazu, sogenannte "Softies" zu werden, oder aber sie schlagen genau in die andere Richtung aus, indem sie ein richtiger "Macho" werden, nicht selten auch gewalttätig. Bei

Mädchen ist es ähnlich. Viele Frauen haben absolut *keinen Selbstwert*, weil sie nie von ihrem Vater oder sonst jemandem (der keine sexuelle Beziehung zu ihnen hatte) gehört haben, dass sie schön oder attraktiv sind, und einmal ohne Hintergedanken in den Arm genommen wurden. Besonders die *sexuellen Werte sind häufig verschoben*, weil das Vorbild, die entsprechende Stabilität und anschauliche Zärtlichkeit, einer normalen Ehe fehlte. Kaum ein Scheidungskind wurde von den Eltern aufgeklärt; sie lernten alles von ihren Freunden und den Medien.

Der letzte Satz „sie lernten alles von ihren Freunden und den Medien" trifft wohl bei meiner Generation auf 90% aller Männer und Frauen zu. Denn wurden wir damals nicht alle mit Hilfe der Zeitschrift „Bravo" und Freunden aufgeklärt? Damals gab es noch keinen Sexualunterricht in den Schulen.

Zusätzlich sind meine Schwester und ich mit einer Mutter, einem leiblichen Vater (zumindest haben wir einmal im Monat das Wochenende miteinander verbracht) und einem Stiefvater aufgewachsen.

Wiederholen Scheidungskinder als Erwachsene die Fehler ihrer Eltern? Wissenschaftler sprechen sogar davon, das Scheidungsrisiko sei vererbbar. Betroffene suchen Wege zwischen Beziehungsphobie (Beziehungsangst) und Nähe. Scheidungskinder haben als Erwachsene ein größeres Risiko, dass ihre eigenen Ehen auch geschieden werden. Seit den siebziger Jahren belegt eine Reihe von Untersuchungen zunächst aus Amerika die Existenz einer, wie Sozialwissenschaftler es formulieren, „sozialen Vererbung" oder „Transmission" von Scheidung.

Das würde ja bedeuten, dass ich „nur" einen Fehler meiner Eltern wiederholt habe. Das wiederum bedeutet, dass ich auf jeden Fall wert bin, geliebt zu werden.

Sexuelle Werte, Wertvorstellungen über "richtiges" und "falsches" Sexualverhalten (Sexualität) sollen bei mir verschoben sein. Was habe ich für Wertvorstellungen über das Sexualverhalten? Naja, das würde ja wieder zur A.-Situation passen. Meine bisherige Wertvorstellung war, dass ich nur Sex mit einem Nichtgleichgeschlechtlichen Partner haben kann.

Unter Umständen ist es notwendig, diese Einstellung zu ändern.

Unter Selbstwert (auch: Selbstwertgefühl, Selbstwertschätzung, Selbstachtung, Selbstvertrauen, oder unpräziser: Selbstbewusstsein, Eigenwert, umgangssprachlich auch Ego) versteht die Psychologie die Bewertung, die man von sich selbst hat. Das kann sich auf die Persönlichkeit und die Fähigkeiten des Individuums, die Erinnerungen an die Vergangenheit und das Ich-Empfinden oder auf das Selbstempfinden beziehen.

Neben den im Laufe der Entwicklung wichtigen Faktoren zu einem gesunden Selbstwertgefühl nennt der Psychologe Nathaniel Branden die folgenden Bedingungen, die „die sechs Säulen des Selbstwertgefühls" bilden:

- Bewusstes Leben,
- Selbstannahme,
- Eigenverantwortliches Leben,
- Selbstsicheres Behaupten der eigenen Person,
- Zielgerichtetes Leben,
- Persönliche Integrität („lebe deine innere Stimme").

Menschen, die zielgerichtet leben stellen sich folgende Fragen:

- Was ist mein Ziel?
- Warum ist es mir wichtig, dieses Ziel zu erreichen (was bringt mir das Erreichen des Zieles, welche Vorteile)?
- Wie sieht mein Plan aus, dieses Ziel zu erreichen (wie ist meine Strategie)?
- Was ist mein erster Schritt?
- Bis wann möchte ich das Ziel erreichen?

Bei Menschen die zielgerichtet leben, gibt es keine Aussagen wie „ich hoffe", oder „ich wünschte". Und das hat auch mit Selbstsicherheit zu tun. Denn Menschen die genau wissen, was sie (erreichen) möchten, strahlen Selbstsicherheit aus.

Authentische Selbstsicherheit und Selbstwertgefühl sind nach der Meinung Brandens in einem positiven Ansatz weitgehend abgekoppelt von der Rückmeldung eines Gegenübers.

Ein gesundes Selbstwertgefühl ist der Gegenpol zu Minderwertigkeitsgefühlen. Wenn wir ein gutes Selbstwertgefühl besitzen, dann bedeutet dies: wir glauben, liebenswert und wertvoll zu sein - trotz der Schwächen und

Fehler, die wir haben. Wer in seiner Kindheit geliebt wurde, das Gefühl hatte, willkommen zu sein und erlebt hat, dass man ihm etwas zutraut, der tut sich meist leichter, von seinem Selbstwert überzeugt zu sein. Wer dagegen im Kindesalter ständig kritisiert, abgelehnt, gehänselt oder missbraucht wurde und viele Misserfolgserlebnisse hatte, hat eher ein mangelndes Selbstwertgefühl, da er denkt, nicht in Ordnung zu sein. Wenn wir als Erwachsene unter einem schwachen Selbstwertgefühl leiden, dann deshalb, weil wir unseren Selbstwert in Gedanken klein machen, indem wir uns einreden, wir seien minderwertig oder nicht liebenswert.

Wenn wir unseren Selbstwert und damit unser Selbstwertgefühl vom Urteil und der Anerkennung der anderen abhängig machen, dann stehen wir unter enormen Druck, anderen gefallen zu müssen. Wir tun fast alles, um andere nicht zu enttäuschen und von diesen Anerkennungen zu bekommen. Und wir leben in der ständigen Angst vor Ablehnung durch andere. Wenn wir an unserem Wert zweifeln und uns deshalb innerlich unsicher fühlen, dann "kratzen" uns kleinste negative Bemerkungen anderer, wir sind überempfindlich, ungeheuer sensibel und reagieren schnell gekränkt. Wenn wir uns für unzulänglich (ungenügend) halten, dann wollen wir vielleicht ständig unseren Wert unter Beweis stellen. Erfolg und ein hohes Ansehen sind besonders wichtig für uns. Durch den Erfolg wollen wir andere beeindrucken und das Gefühl der Wertlosigkeit kompensieren oder lindern. Das gelingt kurzfristig, doch schon nach kurzer Zeit kehrt das Gefühl, unzulänglich zu sein zurück und wir müssen unseren Wert erneut unter Beweis stellen. Dies kann zu einer Arbeitssucht oder Sportsucht führen. Zum Beispiel immer wieder an Laufevents teilnehmen, um sich zu beweisen. Und natürlich ist unser Selbstbewusstsein im Keller. Man kann nicht selbstsicher auftreten, wenn man sich für minderwertig hält. Je gesünder und positiver unser Selbstwertgefühl ist, umso weniger machen uns Kränkungen zu schaffen, umso gelassener können wir mit negativen Reaktionen unserer Umwelt umgehen. Persönliche Angriffe und Vorwürfe "kratzen" umso weniger, je positiver unser Selbstbild und damit unser Selbstwertgefühl und unser Selbstvertrauen sind.

Für unser Selbstwertgefühl sind wir selbst zuständig. Das heißt wir entscheiden über unseren Selbstwert, indem wir uns für wertvoll oder minderwertig halten. Dein Selbstwert hat nichts mit objektiven Kriterien wie dem Kontostand, der Schulbildung, dem Aussehen, dem Ansehen, den Noten in der Schule oder der Schuhgröße zu tun, sondern ist einfach der Glaube daran, dass du ein guter und liebenswürdiger Mensch bist. Dein Selbstbild entscheidet über deinen Selbstwert und dein Selbstwertgefühl.

Das bedeutet wir müssen lernen, uns selbst gut zuzureden, uns selbst den Rücken zu stärken, Verständnis für unsere Fehler und Schwächen zu haben und uns selbst zu ermutigen. Kurzum, wir müssen Selbstmitgefühl zeigen. Akzeptiere deine Unvollkommenheit. Trenne zwischen deinem Selbst und deinem Verhalten. Eine Stradivari bleibt eine Stradivari, auch wenn der Musiker ihr falsche Töne entlockt oder eine Saite reißt. Bewahre deine Selbstachtung oder steigere diese, wenn es dir daran mangelt - das ist das größte Geschenk, das du dir machen kannst (sei dein bester Freund).

(Quelle: www.lebenshilfe-abc.de/selbstwertgefuehl.html)

Selbstachtung kann man nur dann bewahren, wenn man authentisch lebt (authentisch bedeutet Echtheit im Sinne von „als Original befunden"). Das heißt du lebst „deine innere Stimme", dein ich.

Was bedeutet das nun für dich/mich? Welche Konsequenzen hat das für dich? Was ist dein ich? Was macht dich aus?

- Ich glaube, liebenswert und wertvoll zu sein (und werde daher respektvoll behandelt).
- Ich glaube, aufmerksam, charmant und entgegenkommend zu sein.
- Ich glaube, eine gute Partnerin/Freundin oder Partner/Freund zu sein.
- Ich glaube, eine gute Mutter/Schwester/Tante/Oma/Tochter oder ein guter Vater/Bruder/Onkel/Opa/Sohn zu sein.
- Ich glaube, begehrenswert zu sein.

Wie kann ich diese Erkenntnisse nun mit der Situation von A. vereinbaren? Ich empfinde Liebe, welche nicht reflektiert wird. Aber diese

Liebe muss auch nicht reflektiert und von einem anderen Menschen erwidert werden, denn ich fühle mich liebenswert und glaube wertvoll und begehrenswert zu sein.

Meine Freundin S. schenkte mir zu Weihnachten 2014 ein Din A4 Buch und bereitete mich vorab darauf vor, dass dies ein Arbeitsbuch sei. Als ich dieses Buch das erste Mal anschaute, dachte ich „ach du grüne Neune", diese Buch soll ich durcharbeiten? Da bin ich ja Wochen beschäftigt. Der Titel des Buches lautete „Alles läuft super während ich weg bin – Loslassen und dem Göttlichen die Schwergewichte überlassen – Ein Handbuch zur Erleuchtung und Manifestation von Lola Jones". Dabei arbeitet Lola Jones mit sogenannten Divine Openings (übersetzt göttliche Öffnungen).

Divine Opening ist eine Erfahrung und kein Konzept. Divine Opening kann durch die Kunst (Bilder im Buch) zu mir kommen. Es sind einzelne Sessions über mehrere Wochen verteilt. Die Divine Openings verbindet mich mit meinem „Größeren Selbst", das den breiteren Blickwinkel hat und die größeren Zusammenhänge meiner Leben, der Welt und des Universums kennt. Mit Hilfe der Divine Openings konnte ich Emotionen (urteilsfrei) annehmen und zulassen. Ich habe einen „göttlichen Freund" gefunden, der mir zuhört, Fragen beantwortet und immer für mich da ist.

Im Januar 2015 bekam ich eine Einladung von A. zu ihrer Geburtstagsfeier zum fünfzigsten Geburtstag. Überraschung (ohne Vorwarnung)! Das hat mich sehr gefreut und die tiefen Gefühle waren wieder da. Natürlich wusste ich, dass ich mir hier nur unnötige Hoffnung machte. Als ich mich für die Einladung telefonisch bedankte und diese (sehr gerne) annahm, war sie leider nicht zu Hause und ihr Mann nahm die Rückmeldung entgegen. Ich bin fast (mal wieder) durchgedreht. Überlegungen über Überlegungen – wie wird das wohl, wie wird es sein, wenn mein Partner dabei sein wird, wie ist ihr Mann so, wie wohnt sie, was schenken wir ihr? Chaos im Kopf – absoluter „SOS-Zustand". Es sind nur noch zirka 6 Wochen bis zu ihrer Geburtstagsfeier. Zum Geburtstag malte ich ihr ein Bild, welches ich bestimmt drei- bis viermal umgestaltete und wir schenkten ihr Karten fürs Kino, eine Jazz-CD und noch einen Gutschein für einen Ausflug. Der Geburtstag war sehr schön. Ich lernte ihre Familie, ihre Mutter, ihre Geschwister und ihre Freunde kennen. Ich beobachtete alles ganz genau, insbesondere auch ihr Verhalten im Umgang mit ihrem Mann (was mir etwas distanziert erschien).

Und zu meinem 50. Geburtstag im Juli waren sie und ihr Mann ebenfalls gekommen. Das hat mich sehr gefreut und ich denke, sie hatten einen schönen Abend. Mir ging es zum ersten Mal wirklich gut mit dieser Situation. Und wir hatten uns in diesem Jahr öfters getroffen, um gemeinsam zu Mittag zu essen, zu Spaziergängen und beispielsweise waren wir auch in einem Improvisationstheater. Bei einem Treffen nach ihrer Nepalreise erzählte sie mir sogar das erste Mal etwas Persönliches aus ihrer Ehe.

Meine Frage „Was ist ein erfülltes Leben und wie finde ich das?" stand aber immer noch im Raum. Mein bester Freund - und ehemals Partner - zeichnete die Illustrationen in einem Buch „Ich will mich ändern, aber wie? Mit der inneren Landkarte Schritt für Schritt in ein neues Leben". Das Buch ist von Eva Senges, Diplompsychologin und Psychologische Psychotherapeutin geschrieben. Sie ist als Coach und Betriebspsychologin tätig und hat ein eigenes Selbstmanagement-Modell und die Potenzialanalyse SELF entwickelt und sie hat ein Zentrum für Selbstmanagement in Heidelberg gegründet. Mein bester Freund war bei ihr in Behandlung nach einem (zum Glück) missglückten Selbstmordversuch. Und daraus ist die Kooperation für die Illustrationen für dieses Buch entstanden. Wie verrückt, nicht wahr? Natürlich interessierte mich das Buch schon alleine wegen der Illustrationen. Aber auch nachdem ich die Kurzbeschreibung (oder auch Klappentext) las, war mir klar, das Buch muss ich lesen.

Kurzbeschreibung des Buches:

„Es muss sich was ändern in meinem Leben!" Wie viele von uns haben das schon gedacht – und es dann doch dabei belassen. Wie soll ich auch etwas ändern, wenn ich gar nicht weiß, was, und vor allem, wie?

Dieses Buch hilft dabei, selbst zu erkennen, wo Veränderungen nötig sind und wie Ziele definiert und umgesetzt werden. Dafür hat die erfahrene Psychologin Eva Senges die innere Landkarte entworfen, die alles enthält, was für einen gelungenen Veränderungsprozess nötig ist. Mit vielen Fallbeispielen, Anleitungen zur Selbstreflexion, Techniken aus der Psychotherapie und praktischen Übungen.

Nach Erarbeitung meiner inneren Landkarte sah ich alles viel klarer. Ich hatte ein konkretes Bild davon, was ich kann (meine Stärken), was ich mag, was mir wichtig ist/was ich brauche, aber auch was mich blockiert. Ich hatte konkrete Ziele und ein Projekt, welches mich aus der Situation „mein Leben scheint in eine Sackgasse geraten zu sein" herauskatapultieren könnte. Und ich wollte die Ziele umsetzen. Und damit habe ich schon einen großen Schritt gemacht, denn die Verantwortung für das eigene Leben zu übernehmen ist eine absolute Grundvoraussetzung für jede Art von Änderungswunsch. Ebenfalls hatte ich mit Hilfe der inneren Landkarte die Wege und die Ausrüstung, die ich für die Umsetzung meiner Ziele nehme und brauche, erarbeitet. Eines meiner Ziele zum Beispiel war die Arbeitszeitreduzierung. Natürlich lässt sich die Landkarte immer erweitern oder kann neu erarbeitet werden.

Ich kam der Frage „Was ist ein erfülltes Leben und wie finde ich das?" damit sehr viel näher, denn ich habe nicht nur Ziele gefunden, sondern eine mich faszinierende Aufgabe und Dinge, welche mir ein erfülltes Leben schenken. Also Leidenschaften. Die Leidenschaften sind meist kleine Dinge, wie in der Natur sein und die Natur genießen, wandern und Musik hören sowie die Erkenntnis, dass Wasser definitiv mein Element ist. Besonders im Berufsleben ist eine faszinierende Aufgabe sehr wichtig. Denn dann wird aus dem Beruf eine Berufung. Und arbeiten für eine Berufung ist keine Arbeit, sondern eine Leidenschaft. Hier wäre mein Ziel eine Art Wohngemeinschaft, gerne auch mit Familie und Freunden, zu gründen, eventuell auch mit der Möglichkeit noch Zimmer oder sogar kleine Hauseinheiten an Besucher der Wohngemeinschaft zu vermieten. Und das möglichst in der Nähe zu meinem Element Wasser. Und natürlich sollte genügend Zeit sein, meine neu gefundene Leidenschaft des Buchschreibens weiter zu betreiben.

Im Endeffekt habe ich mit der Erarbeitung der inneren Landkarte lediglich auf meine innere Stimme „gehört", denn die innere Stimme führt uns direkt zu unseren Leidenschaften. Und wenn wir auf unsere innere Stimme hören, begeben wir uns in den Fluss des Lebens, denn die innere Stimme ist der Ausdruck unserer Seele.

Dann begann ich damit, mit Hilfe des Buches „Dein Seelenhaus – Ein direkter Weg mit der

Seele zu sprechen" von Peter Reiter mein Seelenhaus zu bauen. Das Buch kann ich wirklich
nur empfehlen und es hat sehr viel Spaß gemacht, mein persönliches Seelenhaus zu bauen,
beziehungsweise zu visualisieren. Es ist die
neueste, schnellste und revolutionärste Methode der spielerischen Selbsterkenntnis und seeli-
schen Transformation. Spielerisch die eigene
Seele erkunden, Vorzüge und Defizite seiner
Persönlichkeit in wenigen Minuten erkennen
lernen und dabei auch noch Spaß und Entde-
ckerfreude haben. Man erkennt in seinem Bild
des Seelenhauses sofort, schnell und sicher die
Defizite oder Bereiche, die der Zuwendung,
Entwicklung und Heilung bedürfen. Und man
kann mit dem Umbau des Seelenhauses auch
das eigene Seelenmuster und von da ausge-
hend auch die eigene äußere Erscheinung und
das Verhalten zur Mitwelt verändern. Mein
Seelenhaus war ein Baumhaus, von mehreren
Baumhäusern im Wald umgeben, mit einem
wunderbaren Ausblick auf einen See und einem Weg zu meinem persönlichen Kraftort.
Vor dem Haus stand eine Kiste, in der man
„Altlasten" reinpacken konnte und die Kiste
funktionierte ein wenig, wie eine Waschma-
schine, indem sie die „Altlasten" in wieder in

sich zurückkehrende Energie umwandelte. Ein phantastischer Prozess und eine wirklich sehr bereichernde Phantasiereise, welche einen innigen Seelenfrieden erwirkt. Dies hat mir sehr in der aktuellen Situation mit A. geholfen, indem ich meinen Seelenfrieden wiederfand. Und die Erkenntnis, dass Selbstliebe, die Liebe zu anderen Menschen (auch wenn nicht erwidert) und Dankbarkeit das Lebenselixier sind. Da war mein Seelenstreichler – die tiefe Zufriedenheit, welche eine enorme Erleichterung ausdrückt.

Mach dein Denken zum Danken, denn Dankbarkeit bringt Freude, Frieden und Fülle in dein Leben. (Robert Betz)

Beispiele für das Danken wären, dass ich dafür danke, dass ich heute mit meinen netten Kollegen gemeinsam Mittagessen konnte. Oder ich danke für die Freunde, die immer ein offenes Ohr haben, die immer tolle Ratschläge oder verrückte Ideen haben, die stets das schönste Lächeln für mich parat haben, die einen Rücken zum Anlehnen haben, die Arme zum Umarmen haben, die zu mir stehen und die einen tollen Riecher haben (wenn etwas nicht stimmt).

Dankbarkeit als unser neues Lebensmotto: Natürlich gibt es tausend Dinge in unserem Alltag, die alles andere als perfekt sind. Und nur allzu gerne verbringen wir Stunden damit, darüber zu klagen. ABER ist es nicht eigentlich schade um diese Stunden/Tage? Denn Freude und Frieden findet unsere Seele dann, wenn wir den Blick dafür schärfen, was gut ist. Und wie reich wir doch eigentlich sind. Eine uralte Kunst hilft uns dabei: Die Fähigkeit, dankbar zu sein. Früher wurden große Feste zur Dankbarkeit ausgerichtet, beispielsweise das Erntedankfest. Gemeinsam zu singen, zu danken und zu feiern ist das Bedürfnis, das viele Kulturen teilen und Dankbarkeitsrituale in der ganzen Welt sind. Du kannst auch ein Dankbarkeitstagebuch führen. Es bewirkt, dass man sich auf das Positive konzentriert und regelrecht danach auf die Suche geht. Du kannst damit auch den Blick für das Gute schärfen.

Das erste „Problem" mit A. konnte ich lösen und dafür bin ich sehr dankbar. Was ist jedoch mit meiner Partnerschaft? Vertraue ich nicht auf die Stabilität einer Beziehung?

Die oben aufgestellte Frage ist wohl zu bejahen, denn nach mehreren Monaten, weiteren „On-

Offs" und Enttäuschungen (er hat ein Haus mit seiner Noch-Ehefrau gekauft, es dann selbst renoviert und für uns zum Einzug vorgesehen) habe ich die Beziehung zu meinem Freund beendet, indem ich ihm seine Sachen vor die Füße geworfen habe, mit der Aufforderung „Lass dich nie mehr in meinem Leben blicken". Seine Antwort darauf war „mach hier nicht so eine Szene". Damit war die Beziehung beendet und seine Heiratsabsichten (er hatte immerhin schon die Scheidung eingereicht) im Winde verweht. Unser geplanter Südafrika-Urlaub und die Ausgaben für den Flug nach Südafrika natürlich auch.

Als Single hat man doch jetzt wieder viel mehr Zeit, denn der gemeinsame Tanzkurs, ein Teil der Treffen der gemeinsamen Freunde, die gemeinsamen Unternehmungen und vieles mehr entfallen. Und damit begann wieder eine Phase, in der ich sehr viel Zeit hatte, über A. nachzudenken. Ich wollte unbedingt herausfinden, was die Hintergründe sind, warum sich A. denn auch mit mir treffen möchte. Aber hier biss ich auf Granit. Ich begann Hypothesen aufzusetzen. Meine erste Hypothese war, dass sie mich mit meinem Ex-Partner „verkuppelte". Ich vermutete, dass sie meinen Ex-Partner vorher schon kannte und als ich ihr „mein Interesse verkündete", A. die phantastische Idee hatte, uns zu verkuppeln. Aber natürlich so, dass ich es nicht merkte, denn sie wusste, dass ich im Single-Tanzkurs war und plötzlich war mein Ex-Partner auch im Tanzkurs. Und ja wir haben uns im Single-Tanzkurs kennen und lieben gelernt. Die Hypothese war völlige Einbildung und ein wirres Gedankenspiel, aber ich hatte ein Gefühl, eine innere Stimme, die sagte, so war es. Das war meine Wahrheit, welche ich wohl überdenken und eventuell revidieren musste.

Meine weiteren Hypothesen waren:

- Sie trifft sich mit mir, weil sie mich einfach nett findet.
- Sie trifft sich mit mir, weil wir nette Gespräche führen.
- Sie trifft sich mit mir, weil sie mich mag (aber nicht liebt).
- Sie trifft sich mit mir, weil sie Interesse an meinem Leben hat.
- Sie trifft sich mit mir, weil sie mehr über meine Partnerschaft und Trennung erfahren möchte.

Ich begann wieder, ihr E-Mails zu schreiben und sie bezüglich meiner letzten Hypothese „aus der Reserve zu locken". Aber sie reagierte berechtigterweise beleidigt und verletzt. Und ich versuchte sie wieder zu besänftigen.

Ende 2016 hatte ich wohl, nach mehreren Bitten an das Universum und an Gott, die „spirituelle Erleuchtung". Ich war von meinem Freund (noch) getrennt und ich hatte herausgefunden, was genau mich an A. interessierte. Es war nicht die Person (gut, ich finde sie natürlich sympathisch), sondern die Tatsache, dass sie der einzige Mensch in meinem Leben bisher war, welche mir Hilfe angeboten hatte und mir eine große Achtung und Aufmerksamkeit entgegenbrachte – also nachdem ich mein Elternhaus verlassen hatte - und für mich in der „Not" wirklich da war.

Mit meinem Ex-Freund startete ich zum, ich weiß nicht wievielten Mal, nochmals in den letzten Tagen im Jahr 2016 einen Versuch. Alles war zunächst perfekt. Er versprach (auch zum zigsten Male) Änderung, entschuldigte sich für die Verletzungen, welche er mir zugefügt hatte. Wir hatten wieder eine sehr schöne Beziehung und Zeit, allerdings nicht sehr lange, dann wa-

ren die Probleme wieder da. In der Zwischen-
zeit, und wahrscheinlich auch schon als wir
noch zusammen waren, hatte er für fünf Monate eine andere Partnerin, was ich natürlich nur
durch einen Zufall erfahren habe. Damit hatte
ich, mit der Lebensaufgabe 8 - eines kann die 8
nicht überwinden und das ist Untreue - eine
unüberwindbare Hürde. Somit konnte ich am
08. Januar 2017, am Geburtstag meines Ex-
Mannes, positiv in die Zukunft schauen und
mit Hilfe des Universums auf ein phantastisches 2017 vertrauen.

Zusammenfassung

Zusammenfassend kann ich – ich nenne es mal – als das Resultat meiner Überlegungen sagen, dass man diverse Anregungen, Energien und Ressourcen nutzen kann. Jede Anregung (beispielsweise das Seelenhaus, die innere Landkarte, das Pentagramm, die Neurologie, die Astrologie, das Tarot) kann dabei betrachtet werden und du kannst dann entscheiden, welche für dich die beste Ressource sein kann, um deine Bestimmung, deine innere Stimme zu erkennen und diese zu leben.

Auszug aus dem Buch von Jane Hope – Die Sprache der Seele:

Der Geist oder die Seele ist der Schlüssel zur höchsten Wahrheit – ein rätselhaftes, nicht greifbares Wesen, das in starkem Gegensatz zum physischen Körper steht.

Die Sprache der Seele versammelt die erstaunliche Bandbreite, mit der diese Vorstellung durch Rituale und Religionen von allen Völkern seit Menschengedenken offenbar wird. Die Existenz der Seele und ihre Funktion sind für die Wahrnehmung unseres Selbst und der

Welt, in der wir leben, entscheidend. Jede Gemeinschaft, die Zeugnisse ihrer Kultur hinterlassen hat, glaubte in irgendeiner Form an eine Seele, die es uns ermöglicht, uns über das physische Dasein zu erheben und in höhere Sphären vorzudringen.

Die Art und Weise, wie die Seele uns den Göttern – und somit der höchsten Wahrheit – näherbringen kann, ist allerdings sehr unterschiedlich: Schamanen in Sibirien reisen beispielsweise „im Traum" zur Weltseele, um ihrem Volk Weisheit oder Rat zu bringen. In Indien glaubt man an die Wiedergeburt der Seele, ein ewiger Kreislauf, der nur durchbrochen werden kann, wenn man – nach mehreren „aufrecht" geführten Leben – das Nirwana erreicht.

Das Leben kann man nur bedingt beeinflussen. Es ist größtenteils vorgegeben, denn du kannst dir zum Beispiel deine Eltern und dein Heimatland nicht aussuchen, und du kannst lediglich das Beste daraus machen, indem du es annimmst und dankbar dafür bist. Lediglich mit Hilfe deiner Gedanken kannst du das Glück deines Lebens beeinflussen und alles was wir sind, entsteht aus unseren Gedanken. Und ein erfülltes Leben kann man nur finden und erleben, wenn man seiner inneren Stimme und seinem Seelenplan folgt.

Das Leben ist eine „Achterbahn", wie von Ronan Keaton „Life Is a Rollercoaster" gesungen. Auch jährlich kreierte Collagen helfen hier nicht, sondern lediglich die positiven Gedanken, welche man in die Collage bildlich hineinlegt. Es ist wichtig loszulassen und dem Universum oder Gott oder wem auch immer zu vertrauen und sich führen zu lassen. Also dem „Größeren" und auch der inneren Stimme folgen.

„Unsere vornehmste Aufgabe ist es zu leben, wie der Philosoph Montaigne gesagt hat. Nicht für bestimmte Aufgaben, Abenteuer, Projekte. Sondern einfach zu leben."

Man sollte die Zeichen des Universums annehmen. Beispielsweise habe ich, bevor ich damals meinen (Ex-)Mann kennen lernte, an Silvester beim Bleigießen einen Anker gegossen. Also ein Zeichen, dass ich meinen Hafen finden werde. Ja, ich hatte meinen Hafen gefunden, denn wir heirateten.

Für das Jahr 2017 habe ich Engelskarten gezogen, welche mir eine Hochzeit, Kind und Tochter im Alter von 51 Jahren voraussagen.

So viel kann ich schon mal verraten - im Juni 2017 wollte ich meinem Seelenruf folgen und wollte herausfinden, wie ich nun zu Frauen „stehe". Dabei habe ich eine wundervolle Frau kennengelernt und wir haben uns auf den ersten Blick ineinander verliebt. Ich habe endlich das gefunden, was mir immer für ein erfülltes Leben fehlte und was ich mir schon immer in meinem tiefsten Inneren wünschte (es jedoch bisher nicht erkannte). Zudem hat meine Partnerin eine Tochter im Alter von 24 Jahren.

„Manchmal hast du Glück und findest eine Seele, die zum selben Beat wie deine Seele tanzt."

Wir kennen uns jetzt noch nicht sehr lange, jedoch weiß ich jetzt schon, dass sie die perfekte Partnerin für mich ist, denn unsere Seelen tanzen zum selben Beat. Wir beide glauben fest daran, dass uns eine „höhere Macht" zusammenführte.

„Wir sind, was wir denken. Alles was wir sind, entsteht aus unseren Gedanken. Mit unseren Gedanken formen wir die Welt!"

(Buddha)

Abbildungen

Literatur und Quellen

- Carmen Uckermann – Burnout-Prävention und Entschleunigung – www.seele-im-flow.de
- Das Statistik-Portal – www.statista.com/themen/161/burnout-syndrom/
- Die Bedeutung des Fuchs in der Mythologie - www.fuechse.info
- Die Bibel – Das Neue Testament + Psalmen
- Der Fuchs – Heilung und Wachstum durch Selbsterkenntnis - www.spirituell-auf-deine-weise.de
- Dr. Rolf Merkle - Die Psychologie des Glücks - www.psychotipps.com/Glueck.html
- Elias Fischer, Zeitzuleben – www.zeitzuleben.de
- Erkenne deinen Seelenplan - www.matrix-erfahrung.eu/html/erkenne-deinen-seelenplan.html

- Ernst Ott – Lilith – Aspekte im Horoskop, eine Quelle von Lust und Lebendigkeit
- Eva Senges – Ich will mich ändern, aber wie?
- Glaubenssätze - www.secret-wiki.de/wiki/Glaubenssätze
- Glynis McCants – Kleines Handbuch der Numerlogie; Was Ihre Zahlen über Sie und Ihr Schicksal verraten
- Herzraten Variabilität (HRV) – Burnout Protector
- Jane Hope - Die Sprache der Seele – Ein visueller Schlüssel zur inneren Welt
- Lola Jones - Divine Opening - Alles läuft super während ich weg bin
- Numerologie - www.numerologie.info/
- Paulo Coehlo – Der Alchimist
- Paulo Coelho – Schutzengel
- Pentanalogie – www.pentanalogy.com/introduction_a_la_pentanalogie.php
- Pentagramm des Lebens – Das Leben verstehen – das Schicksal neu bestimmen von Franziska Krattinger

- Peter Reiter - Dein Seelenhaus – Ein direkter Weg mit der Seele zu sprechen
- Richard David Precht – Wer sind wir und wen ja wieviele?
- Richard David Precht – Liebe ein unordentliches Gefühl
- Richard David Precht – Die Kunst, kein Egoist zu sein – Warum wir gerne gut sein wollen und was uns davon abhält
- Robert Betz - Dem Leben eine neue Richtung geben – www.robert-betz.com
- Robert Betz – Mich selber lieben lernen
- Rüdiger Dahlke – Seeleninfarkt – Zwischen Burn-out und Bore-out
- Scheidungskinder - www.scheidungskinder.com
- Selbstwertgefühl - www.lebenshilfe-abc.de/selbstwertgefuehl.html
- Tarot – Spiegel der Seele von Gerd Ziegler; Aleister Crowley Tarot-Set
- Wikipedia – verschiedene Begriffe und www.wikipedia.org/wiki/Anforderungs ermittlung

MIX

Papier | Fördert
gute Waldnutzung

FSC® C083411

Zeitfracht Medien GmbH
Ferdinand-Jühlke-Straße 7
99095 Erfurt, Deutschland
produktsicherheit@kolibri360.de